Taschenbücher aus dem

Gesamtwerk von Rudolf Steiner

Werke von RUDOLF STEINER in Taschenbuchausgaben:

Wie erlangt man Erkenntnisse der höheren Welten? (600)
Die Geheimwissenschaft im Umriß (601)
Ein Weg zur Selbsterkenntnis des Menschen / Die Schwelle der geistigen Welt (602)
Metamorphosen des Seelenlebens (603)
Die geistig-seelischen Grundkräfte der Erziehungskunst (604)
Die Philosophie des Thomas von Aquino (605)
Die Kernpunkte der sozialen Frage in den Lebensnotwendigkeiten der Gegenwart und Zukunft (606)
Vier Mysteriendramen
Band I: Die Pforte der Einweihung – Die Prüfung der Seele (607)
Band II: Der Hüter der Schwelle – Der Seelen Erwachen (608)
Wendepunkte des Geisteslebens (609)
Die Rätsel der Philosophie in ihrer Geschichte als Umriß dargestellt Band I (610), Band II (611)
Das menschliche Leben vom Gesichtspunkte der Geisteswissenschaft (Anthroposophie), und weitere Schriften (612)
Die Mission einzelner Volksseelen im Zusammenhang mit der germanisch-nordischen Mythologie (613)
Die geistige Führung des Menschen und der Menschheit (614)
Theosophie. Einführung in übersinnliche Welterkenntnis und Menschenbestimmung (615)
Aus der Akasha-Chronik (616)
Allgemeine Menschenkunde als Grundlage der Pädagogik (617)
Erziehungskunst. Methodisch-Didaktisches (618)
Das Christentum als mystische Tatsache (619)
Die Offenbarungen des Karma (620)
Friedrich Nietzsche, ein Kämpfer gegen seine Zeit (621)
Pfade der Seelenerlebnisse (622)
Die Mystik im Aufgange des neuzeitlichen Geisteslebens und ihr Verhältnis zur modernen Weltanschauung (623)
Der Orient im Lichte des Okzidents. Die Kinder des Luzifer und die Brüder Christi (624)
Goethes Weltanschauung (625)
Die Bhagavad Gita und die Paulusbriefe (626)

Die Reihe wird fortgesetzt

RUDOLF STEINER VERLAG, DORNACH/SCHWEIZ

Rudolf Steiner

Ein Weg zur Selbsterkenntnis des Menschen

In acht Meditationen

Die Schwelle der geistigen Welt

Aphoristische Ausführungen

Rudolf Steiner Verlag
Dornach / Schweiz

Herausgegeben von der Rudolf Steiner-Nachlaßverwaltung

Die Originalausgaben erschienen in der Rudolf Steiner
Gesamtausgabe, Bibliographie-Nrn. 16 und 17
Ungekürzte Ausgabe

Taschenbuchausgabe

1.–10. Tsd. Dornach 1972
11.–20. Tsd. Dornach 1977

Bestell-Nr. tb 602

Printed in Switzerland by Zbinden Druck und Verlag AG, Basel
ISBN 3-7274-6020-2

INHALT

Ein Weg zur Selbsterkenntnis des Menschen

Die Schwelle der geistigen Welt

EIN WEG

ZUR SELBSTERKENNTNIS

DES MENSCHEN

IN ACHT MEDITATIONEN

EINLEITENDE BEMERKUNGEN

In dieser Schrift ist angestrebt, geisteswissenschaftliche Erkenntnisse über die Wesenheit des Menschen zu geben. Die Darstellung ist so gehalten, daß der Leser in das Dargestellte hineinwachsen mag, so daß es ihm im Verlaufe des Lesens wie zu einer Art Selbstgespräch wird. Gestaltet sich dieses Selbstgespräch so, daß dabei vorher verborgene Kräfte sich offenbaren, welche in jeder Seele erweckt werden können, so führt dann das Lesen zu einer wirklichen inneren Seelenarbeit. Und diese kann sich allmählich zur Seelenwanderschaft gedrängt sehen, welche wahrhaftig in das Schauen der geistigen Welt hineinversetzt. Deshalb wurde das Mitgeteilte in der Form von acht Meditationen gegeben, welche wirklich durchgeführt werden können. Geschieht dies, so können sie geeignet sein, der Seele das durch die eigene innere Vertiefung zu übermitteln, wovon in ihnen gesprochen wird.

Angestrebt ist worden, einerseits demjenigen Leser etwas zu geben, der sich bereits mit der Literatur und den Arbeiten auf dem Gebiete des Übersinnlichen, wie es hier gemeint ist, eingehender bekannt gemacht hat. So wird vielleicht hier der Kenner des übersinnlichen Lebens durch die Art des Dargestellten, durch die unmittelbar mit dem Seelen-Erleben zusammenhängende Mitteilung, etwas finden, was ihm wichtig erscheinen kann. Und andrerseits kann mancher finden, daß gerade durch diese Darstellung auch dem genützt werden kann, welcher den Ergebnissen der Geisteswissenschaft noch ferne steht.

Zu meinen übrigen Schriften auf geisteswissenschaftlichem Gebiete soll diese eine Ergänzung und auch Erweiterung liefern. Doch soll sie auch für sich gelesen werden können.

In meiner «Theosophie» und in meinem «Umriß einer Geheimwissenschaft» ist angestrebt worden, die Dinge so darzustellen, wie sie sich der Beobachtung ergeben, die auf das Geistige geht. Die Darstellung ist in diesen Schriften eine beschreibende, deren Fortgang durch die aus den Dingen sich offenbarende Gesetzmäßigkeit vorgeschrieben war. – In diesem «Weg zur Selbsterkenntnis des Menschen» ist die Darstellung anders. Es ist in ihr gesagt worden, was eine Seele erleben kann, welche sich auf den Weg zum Geiste hin in einer gewissen Weise begibt.

Die Schrift kann deshalb angesehen werden als die Wiedergabe von Seelenerlebnissen. Es muß nur beachtet werden, daß die Erlebnisse, die in solcher Art, wie sie hier beschrieben sind, gemacht werden können, bei einer einzelnen Seele, nach ihrer besonderen Eigenart, eine individuelle Form annehmen müssen. Es ist angestrebt worden, dieser Tatsache gerecht zu werden, so daß man sich auch vorstellen kann, das Geschilderte sei so, wie es dargestellt ist, von einer bestimmten Seele genau durchlebt worden. (Der Titel heißt deshalb: «*Ein* Weg zur Selbsterkenntnis.») Eben deshalb kann die Schrift dazu dienen, daß sich auch andre Seelen in dies Geschilderte hineinleben und zu entsprechenden Zielen gelangen. So ist diese Schrift auch eine Ergänzung und Erweiterung dessen, was sich in meinem Buche «Wie erlangt man Erkenntnisse der höheren Welten?» findet.

Dargestellt sind nur einzelne geisteswissenschaftliche Grunderlebnisse. Auf die Mitteilung weiterer Gebiete der «Geisteswissenschaft» in dieser Art ist vorläufig verzichtet.

München, im August 1912 *Rudolf Steiner*

ERSTE MEDITATION

Der Meditierende versucht eine wahre Vorstellung von dem physischen Leibe zu gewinnen

Wenn die Seele durch die Sinne und durch ihr Vorstellen an die Erscheinungen der Außenwelt hingegeben ist, dann kann sie bei wirklicher Selbstbesinnung nicht sagen, sie nehme diese Erscheinungen wahr, oder sie erlebe die Dinge der Außenwelt. Denn sie weiß in Wahrheit in der Zeit ihrer Hingabe an die Außenwelt nichts von sich. Das Sonnenlicht, das von den Dingen in vielartiger Farbenerscheinung sich im Raume ausbreitet, das erlebt sich eigentlich in der Seele. Freut sich die Seele über irgendeinen Vorgang, so ist sie in dem Zeitpunkte des Freuens selbst Freude, soweit sie von der Sache weiß. Die Freude erlebt sich in ihr. Die Seele ist *eins* mit ihrem Erleben von der Welt; sie erlebt sich nicht als etwas, das sich freut, das bewundert, das sich ergötzt oder fürchtet. Sie ist Freude, Bewunderung, Ergötzen, Furcht. Wenn sich die Seele dies immer gestehen wollte, dann erschienen ihr die Zeiten, in welchen sie von dem Erleben an der Außenwelt zurücktritt und sich selbst betrachtet, erst in dem rechten Lichte. Sie erschienen als ein Leben von ganz besondrer Art, die zunächst ganz unvergleichlich ist mit dem gewöhnlichen Seelenleben. Mit dieser besondren Art des Lebens beginnen die Rätsel des seelischen Daseins im Bewußtsein aufzutauchen. Und diese Rätsel sind im Grunde die Quelle aller andern Weltenrätsel. – Außenwelt und Innenwelt stellen sich vor den Menschengeist, wenn die Seele für kürzere oder längere Zeit aufhört mit der Außenwelt *eins* zu sein und sich in die Einsamkeit des Eigenseins zurückzieht.

Dieses Zurückziehen ist kein einfacher Vorgang, der einmal sich vollzieht und dann etwa in derselben Art wiederholt werden könnte. Es ist vielmehr der Beginn einer Wanderung in vorher unbekannte Welten. Hat man die Wanderung begonnen, dann wird jeder Schritt, den man gemacht hat, die Veranlassung zu weiteren. Und er ist auch die Vorbereitung zu diesen weiteren. Er macht die Seele für die folgenden erst fähig. Und mit jedem Schritte erfährt man mehr über die Antwort auf die Frage: Was ist der Mensch im wahren Sinne des Wortes? Welten eröffnen sich, die vor der gewöhnlichen Lebensbetrachtung verborgen sind. Und doch liegt in ihnen allein dasjenige, was auch über diese Lebensbetrachtung die Wahrheit offenbaren kann. – Wenn auch keine Antwort eine umfassende, endgültige ist, so sind die Antworten, welche durch innere Seelenwanderschaft errungen werden, doch solche, die über alles hinausgehen, was die äußeren Sinne und der an sie gebundene Verstand geben können. Und dieses andre hat der Mensch nötig. Er bemerkt, daß dies so ist, wenn er sich wahrhaftig auf sich selbst besinnt.

Zunächst sind zu dieser Wanderschaft nüchterne, trockene Überlegungen notwendig. Sie geben den sicheren Ausgangspunkt für das weitere Vordringen in die übersinnlichen Gebiete, um die es zuletzt der Seele zu tun ist. Manche Seele möchte sich diesen Ausgangspunkt ersparen und sogleich in das Übersinnliche eindringen. Eine gesunde Seele wird, selbst wenn sie durch Abneigung gegen eine solche Überlegung diese erst vermieden hat, später doch sich derselben hingeben. Denn wieviel man auch über das Übersinnliche von einem andern Ausgangspunkte her erfahren hat, sichern Boden unter sich gewinnt man nur durch Überlegungen von der Art, wie die hier zunächst folgende ist.

Es können im Leben der Seele die Augenblicke kommen, in denen sie zu sich selber so spricht: Du mußt dich allem entziehen können, was dir eine Außenwelt geben kann, wenn du dir nicht ein Geständnis abpressen lassen willst, mit dem sich nicht leben läßt, nämlich du seiest nur der sich selbst erlebende Widersinn. – Was du da draußen wahrnimmst, es ist da ohne dich; es war ohne dich und wird ohne dich sein. Warum empfinden sich die Farben in dir, da dein Empfinden für sie doch bedeutungslos sein könnte? Warum bilden die Stoffe und Kräfte der Außenwelt deinen Leib? Er belebt sich zu deiner äußeren Erscheinung. Die Außenwelt gestaltet sich zu dir. Du wirst gewahr, daß du diesen Leib brauchst. Weil du ohne deine Sinne, welche nur Er dir einbilden kann, zunächst gar nicht etwas in dir erleben könntest. Du wärest, so wie du vorerst bist, leer ohne deinen Leib. Er gibt dir innere Fülle und Inhalt. – Und dann können alle die Überlegungen auftreten, ohne welche ein menschliches Dasein nicht bleiben kann, wenn es nicht in gewissen Zeiten, die für jeden Menschen kommen, mit sich in einen unerträglichen Widerspruch geraten will. Dieser Leib – er lebt so, daß er jetzt Ausdruck ist des seelischen Erlebens. Seine Vorgänge sind von der Art, daß die Seele durch ihn lebt und sich in ihm erlebt. Das wird einmal nicht so sein. Was in dem Leibe lebt, wird einmal ganz anderen Gesetzen unterworfen sein als jetzt, da es für mich verläuft, für mein seelisches Erleben. Es wird den Gesetzen unterworfen sein, nach denen Stoffe und Kräfte draußen in der Natur sich verhalten, Gesetzen, die nichts mehr mit mir und meinem Leben zu tun haben. Der Leib, dem ich mein seelisches Erleben verdanke, wird in den allgemeinen Weltverlauf aufgenommen sein und sich in demselben so verhalten, daß er mit allem, was ich in mir erlebe, nichts mehr gemeinsam haben wird.

Eine solche Überlegung kann alle Schauer des Todesgedankens vor das innere Erleben bringen, ohne daß sich in diesen Eindruck die bloß persönlichen Empfindungen mischen, welche in der Seele gewöhnlich mit diesem Gedanken verbunden sind. Solche Empfindungen bewirken, daß ihm gegenüber die ruhige, gelassene Stimmung nicht leicht sich einstellt, die zur erkennenden Betrachtung notwendig ist. – Es ist nur zu begreiflich, daß der Mensch ein Wissen gewinnen will über den Tod und über ein Leben der Seele unabhängig von der Auflösung des Leibes. Die Art, wie er zu den Fragen steht, die hier in Betracht kommen, ist, wie kaum irgend etwas andres in der Welt, geeignet, den sachlichen Blick zu trüben und Antworten als gültig hinzunehmen, welche vom Wunsche eingegeben sind. Man kann aber über nichts eine wahre Erkenntnis auf geistigem Gebiete erhalten, bei dem man nicht wie ein völlig Unbeteiligter das «Nein» ebenso willig hinnimmt wie das «Ja». Und man wird nur gewissenhaft in sich selbst zu blicken brauchen, um sich völlig klar darüber zu sein, daß man nicht mit demselben Gleichmut die Erkenntnis hinnehmen würde, mit dem Tode des Leibes erlischt auch das seelische Leben, wie die andre, die von dem Fortbestand der Seele nach dem Tode spricht. Gewiß, es gibt Menschen, die völlig ehrlich an die Vernichtung der Seele mit der Auflösung des Leibeslebens glauben, und die mit einem solchen Gedanken sich ihr Leben einrichten. Doch auch für diese gilt, daß sie mit ihren Gefühlen keineswegs unbefangen diesem Gedanken gegenüberstehen. Sie lassen sich durch die Schrecken der Vernichtung allerdings nicht dazu hinreißen, die Gründe der Erkenntnis, welche für sie deutlich sprechen, von dem Wunsche übertönt zu fühlen, der nach einem Fortleben zielt. Insoferne sind die Vorstellungen solcher Menschen oft sachlicher als diejenigen der andern, welche, ohne dies zu wissen, sich Gründe für das Fortleben vorspiegeln oder vorspiegeln lassen, weil in ihren geheimen Seelengründen eben die Begierde nach solchem Fortleben brennt. Doch ist bei den Unsterblichkeitsleugnern die Befangenheit eine nicht weniger große. Sie ist nur anders geartet. Es gibt unter ihnen solche, welche sich eine gewisse Vorstellung von dem machen, was Leben und Dasein heißt. Diese Vorstellung führt sie dazu, bestimmte Bedingungen denken zu müssen, unter denen dieses Leben nur allein möglich ist. So wie sie nun das Dasein ansehen, ergibt sich ihnen, daß die Bedingungen des seelischen Lebens nicht mehr vorhanden sein können, wenn der Leib wegfällt. Solche Menschen bemerken nicht, daß sie sich erst eine bestimmte Vorstellung gebildet haben, wie Leben nur sein könne, und daß sie allein deshalb nicht glauben können, es dauere nach dem Tode fort, weil sich aus ihrer Vorstellung heraus keine Möglichkeit ergibt, sich ein leibfreies Dasein zu denken. Sie sind zwar nicht durch ihre Wünsche, wohl aber durch die Vorstellungen befangen, von denen sie nun eben nicht loskommen können. Es gibt noch viele Befangenheiten auf diesem Gebiete. Man kann immer nur einzelne Beispiele dessen anführen, was in dieser Art alles vorhanden ist.

Der Gedanke, daß der Leib, in dessen Vorgängen sich die Seele auslebt, einmal der Außenwelt verfallen werde und Gesetzen folgen, die in keinem Verhältnisse stehen zum inneren Erleben, er läßt das Todeserlebnis so vor die Seele treten, daß kein Wunsch, kein persönliches Interesse sich in die Betrachtung einzumischen brauchen; daß dieses Erlebnis zu einer reinen, unpersönlichen Erkenntnisfrage führen kann. Es wird sich aber dann auch bald die Empfindung ergeben, daß der Todesgedanke nicht um seiner selbst willen bedeutsam ist, sondern deshalb, weil er Licht verbreiten kann über das Leben. Man wird zu der Ansicht kommen müssen, daß das Rätsel des Lebens zu erkennen ist durch das Wesen des Todes.

Daß die Seele nach ihrer Fortdauer verlangt, sollte unter allen Umständen dazu führen, sie mißtrauisch zu machen gegen alle Meinungen, welche sie sich über diese Fortdauer bildet. Denn warum sollten sich die Tatsachen der Welt kümmern um das, was die Seele empfindet. Sie mag nach ihren Bedürfnissen sich selber sinnlos fühlen, wenn sie denken müßte, sie könnte, einer

Flamme gleich, die aus dem Brennmaterial sich ergibt, aus dem Stoffe ihres Leibes aufflackern und dann wieder verlöschen. Es könnte sich dies doch so verhalten, auch wenn es als sinnlos empfunden würde. – Wenn die Seele den Blick zum Leibe wendet, so soll sie auch nur mit dem rechnen, was er ihr zeigen kann. Es scheint da, als ob in der Natur die Gesetze wirkten, welche die Stoffe und Kräfte in ein Wechselspiel bringen, und als ob diese Gesetze den Leib beherrschten, und ihn nach einiger Zeit wieder in das allgemeine Wechselspiel einbezögen.

Man mag diesen Gedanken nun wenden, wie man will: er ist naturwissenschaftlich wohl brauchbar, doch er erweist sich der wahren Wirklichkeit gegenüber als ganz unmöglich. Man kann finden, daß er allein wissenschaftlich klar, nüchtern, und alles andre nur subjektiver Glaube sei; man kann sich dies wohl einbilden. Man kann es aber bei wirklicher Unbefangenheit nicht festhalten. Und darauf kommt es an. Nicht was die Seele durch ihr Wesen als notwendig empfindet, kommt in Betracht, sondern dasjenige, was die Außenwelt offenbart, welcher der Leib entnommen ist. Diese Außenwelt nimmt seine Stoffe und Kräfte nach dem Tode in sich auf. In ihr folgen sie dann Gesetzen, welchen ganz gleichgültig ist, was im menschlichen Leibe während des Lebens vorgeht. Diese Gesetze (die physischer und chemischer Art sind) stellen sich zu dem Leibe nicht anders als zu jedem andern leblosen Dinge der Außenwelt. Es ist unmöglich, etwas anderes zu denken, als daß dieses gleichgültige Verhältnis der Außenwelt zum Menschenleibe nicht erst mit dem Tode eintritt, sondern daß es auch schon während des Lebens besteht. Nicht aus dem Leben kann man eine Vorstellung gewinnen über den Anteil der sinnlichen Außenwelt an dem Menschenleibe, sondern allein dadurch, daß man denkt: alles, was da an dir ist als Träger deiner Sinne, als Vermittler von Vorgängen, durch welche deine Seele lebt, das wird von der Welt, welche du wahrnimmst, so behandelt, wie dir die Vorstellung ergibt, die über dein Leben hinausschweift. Die damit rechnet, daß eine Zeit kommen werde, in der du alles dieses nicht mehr an dir hast, worinnen du dich jetzt erlebst. Jede andere Vorstellung über das Verhältnis der sinnlichen Außenwelt zum Leibe läßt durch sich selber erfühlen, daß sie gegenüber der Wirklichkeit nicht haltbar ist. Die Vorstellung aber, daß erst nach dem Tode der wirkliche Anteil der Außenwelt an dem Leibe zutage tritt, kommt mit nichts in Konflikt, was wahrhaft in Außenwelt und Innenwelt erlebt wird. Die Seele fühlt nichts Unerträgliches bei dem Gedanken, daß seine Stoffe und Kräfte Vorgängen der Außenwelt verfallen, die mit ihrem eigenen Leben nichts zu tun haben. Sie kann in ihren Tiefen bei vollkommen unbefangener Hingabe an das Leben keinen aus dem Leibe aufsteigenden Wunsch entdecken, der ihr den Gedanken unbehaglich machte an die Auflösung nach dem Tode. Das Unerträgliche tritt erst dann ein, wenn die Vorstellung gebildet werden sollte, die in die Außenwelt zurückkehrenden Stoffe und Kräftc nehmen die sich erlebende Scele mit. Eine solche Vorstellung wäre aus demselben Grunde unerträglich wie jede andre, die sich nicht naturgemäß aus der Hingabe an die Offenbarung der Außenwelt ergibt.

Der Außenwelt während des Lebens einen ganz andren Anteil an dem Leibesdasein zuzuerkennen als nach dem Tode, ist ein Gedanke, der aus dem Nichts hergeholt werden müßte. Als sinnloser Gedanke muß er stets vor der Wirklichkeit zurückprallen, während doch die Vorstellung ganz gesund ist, daß die Außenwelt während des Lebens ganz den gleichen Anteil an dem Leibe hat wie nach dem Tode. Die Seele fühlt sich, wenn sie den letztern Gedanken hegt, ganz im Einklange mit der Offenbarung der Tatsachen. Sie kann empfinden, daß sie durch diese Vorstellung *nicht* in Mißklang kommt mit den Tatsachen, die durch sich selbst sprechen, und denen kein künstlicher Gedanke hinzugefügt werden darf.

Man achtet nicht immer darauf, in wie schönem Einklange das natürliche, gesunde Empfinden der Seele mit der Naturoffenbarung ist. Es könnte dies so selbstverständlich erscheinen, daß es gar keiner Beachtung wert wäre; und doch ist dies scheinbar Bedeutungslose lichtbringend. Nichts Unerträgliches hat der Gedanke, daß der Leib in die Elemente aufgelöst werde; etwas Sinnloses dagegen der andre, daß dies auch mit der Seele geschehe. Es gibt viele menschlich persönliche Gründe, welche dies als sinnlos erscheinen lassen; diese müssen von der objektiven Betrachtung unberücksichtigt gelassen werden. Die ganz unpersönliche Hingabe jedoch an das, was die Außenwelt lehrt, zeigt, daß auch während des Lebens dieser Außenwelt an der Seele kein andrer Anteil zugeschrieben werden kann als nach dem Tode. Maßgebend ist, daß dieser Gedanke sich als ein notwendiger ergibt, und daß er standhält gegenüber allen Einwänden, die man gegen ihn erheben kann. Wer ihn ganz bewußt denkt, der fühlt dieses als unmittelbare Gewißheit. In Wahrheit denken so aber sowohl Unsterblichkeitsgläubige wie Unsterblichkeitsleugner. Die letztern werden wohl sagen, in den Gesetzen, welche wirksam sind am Leibe nach dem Tode, seien auch die Bedingungen seiner Vorgänge während des Lebens enthalten; aber sie irren sich, wenn sie *glauben*, sich wirklich vorstellen zu können, diese Gesetze stünden während des Lebens in einem andern Verhältnisse zum Leibe als Seelenträger als nach dem Tode.

In sich möglich ist nur die Vorstellung, auch jener besondre Zusammenhang von Kräften, der mit dem Leibe in die Erscheinung tritt, stehe dem Leibe als Seelenträger genau so anteilslos gegenüber wie derjenige, welcher die Vorgänge am toten Leibe bewirkt. Nicht für die Seele ist diese Anteilslosigkeit vorhanden, wohl aber für die Stoffe und Kräfte des Leibes. Die Seele erlebt sich am Leibe; der Leib jedoch lebt *mit* der Außenwelt, *in* ihr, *durch* sie und läßt das Seelische für sich nicht anders maßgebend sein als die Vorgänge der Außenwelt. Man muß zu der Ansicht kommen, daß für die Blutbewegung im Leibe die Wärme und Kälte der Außenwelt so maßgebend sind, wie die Furcht oder das Schamgefühl, die sich in der Seele abspielen.

So fühlt man zunächst in sich die Gesetze der Außenwelt in jenem ganz besondren Zusammenhange wirksam, der sich als die Gestaltung des Menschenleibes kundgibt. Man empfindet diesen Leib als ein Glied der Außenwelt. Aber man steht seinem innern Zusammenhang fremd gegenüber. Die äußere Wissenschaft klärt gegenwärtig zum Teil auf, wie sich die Gesetze der Außenwelt in dem ganz besondren Wesen zusammenfügen, das sich als Menschenleib darstellt. Von der Zukunft darf gehofft werden, daß diese Erkenntnis immer weiter fortschreiten werde. Wie die Seele über ihr Verhältnis zum Leibe denken muß, daran kann diese fortschreitende Erkenntnis nicht das geringste ändern. Im Gegenteil, sie wird immer klarer zeigen müssen, daß die Gesetze der Außenwelt vor und nach dem Tode in dem gleichen Verhältnisse zur Seele stehen. Es ist eine Illusion, zu erwarten, mit fortschreitender Naturerkenntnis werde aus den Gesetzen der Außenwelt sich ergeben, inwieferne die Leibesvorgänge die Vermittler des Seelenlebens sind. Man wird immer deutlicher erkennen, was im Leibe während des Lebens vorgeht; aber die entsprechenden Vorgänge werden sich stets als solche zeigen, welche die Seele als ihr äußerlich so empfindet, wie die Vorgänge am Leibe nach dem Tode.

Innerhalb der Außenwelt muß daher der Leib als ein Zusammenhang von Kräften und Stoffen erscheinen, der für sich besteht und in sich erklärbar ist als Glied dieser Außenwelt. – Die Natur läßt die Pflanze entstehen; sie löst sie wieder auf. Sie beherrscht den Menschenleib und läßt ihn innerhalb ihrer Wesenheit vergehen. Stellt sich der Mensch mit einer solchen Betrachtung der Natur gegenüber, so kann er *sich* und alles, was in ihm ist, vergessen, und seinen Leib als Glied der Außenwelt an sich empfinden. Denkt er so über sein Verhältnis zu sich und zur Natur, so erlebt er an sich, was man seinen *physischen Leib* nennen kann.

ZWEITE MEDITATION

Der Meditierende versucht eine wahre Vorstellung von dem elementarischen oder ätherischen Leibe zu gewinnen

Durch die Vorstellung, welche die Seele sich in Anknüpfung an die Tatsache des Todes machen muß, kann sie in eine völlige Unsicherheit über ihr eigenes Wesen hineingetrieben werden. Es wird dies dann der Fall sein, wenn sie glaubt, von keiner andern Welt etwas wissen zu können, als nur allein von der Sinnenwelt und von dem, was der Verstand über diese Welt zu erkennen vermag. Das gewöhnliche Seelenleben richtet den Blick auf den physischen Leib. Es sieht diesen nach dem Tode übergehen in den Naturzusammenhang, der ohne Anteil ist an dem, was die Seele vor dem Tode als ihr eigenes Dasein erlebt. Sie kann zwar wissen (durch die vorangehende Meditation), daß der physische Leib auch während des Lebens zu ihr in demselben Verhältnisse steht wie nach dem Tode: aber dies führt sie nicht weiter als zur Anerkennung der inneren Selbständigkeit des eigenen Erlebens bis zum Tode. Was mit dem physischen Leibe nach dem Tode geschieht, das ergibt ihr die Beobachtung der Außenwelt. Für das innere Erleben gibt es eine solche Beobachtung nicht. So wie dieses Seelenleben ist, kann es den Blick nicht über die Grenze des Todes hinaus richten. Ist die Seele außerstande sich Vorstellungen zu machen, welche über die Welt hinausgehen, von welcher der Leib nach dem Tode aufgenommen wird, dann hat sie auch keine Möglichkeit, in etwas anderes als in das leere Nichts jenseits des Todes in bezug auf alles Seelische zu blicken.

Sollte dies anders sein, so müßte die Seele die Außenwelt mit anderen Mitteln wahrnehmen als mit den Sinnen und mit dem an die Sinne gebundenen Verstand. Diese sind selbst zum Leibe gehörig und verfallen mit ihm. Was sie sagen, kann nie zu etwas anderem führen als zu dem Ergebnis der ersten Meditation. Und das besteht nur darin, daß die Seele sich gestehen kann: – du bist an deinen Leib gebunden. Dieser ist Naturgesetzen unterworfen, welche zu dir stehen, wie alle andern Naturgesetze. Du bist durch sie ein Glied der Außenwelt, und diese hat an dir einen Anteil, der sich dir am deutlichsten offenbart, wenn du betrachtest, was sie mit deinem Leibe nach dem Tode macht. Für das Leben gibt sie dir Sinne und einen Verstand, welche es dir unmöglich machen, zu sehen, wie es mit deinem seelischen Erleben jenseits der Todesgrenze steht. Dies Geständnis kann nur zu zwei Ergebnissen führen. Entweder es wird alles weitere Nachforschen über das Seelenrätsel unterdrückt und Verzicht geleistet, auf diesem Gebiete etwas zu wissen. Oder es werden Anstrengungen gemacht, durch das seelische Erleben im Innern das zu erreichen, was die Außenwelt versagt. – Diese Anstrengungen können dazu führen, das innere Erleben kraftvoller, energischer zu machen, als es im gewöhnlichen Dasein ist.

Im gewöhnlichen Leben hat der Mensch eine gewisse Stärke seiner inneren Erlebnisse, seines Empfindungs- und Gedankenlebens. Er hegt zum Beispiel einen Gedanken so oft, als sich ein äußerer oder innerer Anlaß dazu ergibt. Es kann aber irgendein Gedanke aus der Zahl der andern herausgenommen werden und ohne weiteren Anlaß immer wieder durchdacht, in intensiver Art innerlich erlebt werden. Man kann einen solchen Gedanken wiederholt zum einzigen Gegenstande des inneren Erlebens machen. Und während man dieses tut, kann man alle äußeren Eindrücke und alle Erinnerungen, die in der Seele auftauchen möchten, von sich ferne halten. Man kann eine solche volle, alles andre ausschließende Hingabe an Gedanken, oder auch an Empfindungen, zu einer regelmäßigen inneren Betätigung machen. – Soll ein solches inneres Erleben zu wirklich bedeutsamen Ergebnissen führen, so muß es allerdings nach gewissen, erprobten Gesetzen unternommen werden. Solche Gesetze werden von der Wissenschaft des Geisteslebens verzeichnet. Man findet eine größere Anzahl in meiner Schrift angegeben: «Wie erlangt man Erkenntnisse der höheren Welten?» – Durch solches Vorgehen erreicht man eine Verstärkung der Kräfte des inneren Erlebens. Dieses verdichtet sich gewissermaßen. Was dadurch geschieht, das kann man erkennen an den Beobachtungen an sich selbst, die eintreten, wenn die geschilderte innere Betätigung eine genügend lange Zeit fortgesetzt wird. Man braucht allerdings in den meisten Fällen viel Geduld, bis überzeugende Ergebnisse eintreten. Und wer nicht geneigt ist, diese Geduld jahrelang zu üben, der wird nichts Besonderes erzielen.

Es ist nur möglich, hier ein Beispiel anzuführen von solchen Ergebnissen. Diese sind mannigfaltiger Art. Und was hier angeführt wird, das ist geeignet, den Meditationsweg, mit dessen Schilderung hier begonnen worden ist, fortzusetzen.

Ein Mensch kann lange die angegebene innere Verstärkung seines Seelenlebens üben. Er wird vielleicht nichts in sich erleben, was geeignet ist, ihn anders über die Welt denken zu lassen, als er bisher gewohnt war. Dann aber kann einmal das Folgende eintreten. Naturgemäß wird, was hier zu schildern ist, nicht in genau der gleichen Art sich bei zwei Menschen einstellen. Wer aber von *einem* solchen Erlebnis eine Vorstellung zu gewinnen sucht, der hat sich über das ganze hier in Betracht kommende Gebiet aufgeklärt.

Es kann ein Augenblick eintreten, in dem die Seele sich innerlich ganz anders erlebt als gewöhnlich. Zumeist wird das anfangs so geschehen, daß die Seele aus dem Schlafe wie zu einem Traume sich belebt. Nur zeigt sich sogleich, daß sich das Erlebnis mit dem nicht vergleichen läßt, was man sonst als Träume kennt. Man ist dann der Sinnes- und Verstandeswelt ganz entrückt, und man erlebt doch so, wie man im gewöhnlichen Dasein nur erlebt, wenn man im wachen Zustande der Außenwelt gegenübersteht. Man fühlt sich gedrängt, das Erlebnis in sich vorzustellen. Man nimmt zu dem Vorstellen solche Begriffe, die man im gewöhnlichen Leben hat; aber man weiß sehr genau, daß man anderes erlebt, als das ist, worauf sich in normaler Art diese Begriffe beziehen. Diese betrachtet man nur als ein Ausdrucksmittel für ein Erlebnis, das man vorher nicht gehabt hat, und von dem man auch wissen kann, daß es im gewöhnlichen Dasein unmöglich ist. Man fühlt sich etwa allseitig von Gewitterstürmen umgeben. Man hört Donner und vernimmt Blitze. Man weiß sich in einem Zimmer eines Hauses. Man fühlt sich durchsetzt von einer Kraft, von welcher man vorher nichts gewußt hat. Dann vermeint man Risse um sich her in den Mauern zu sehen. Man ist veranlaßt, sich oder einer Person, die man neben sich zu haben glaubt, zu sagen: jetzt handelt es sich um Schweres; der Blitz geht durch das Haus, er erfaßt mich; ich fühle mich von ihm ergriffen. Er löst mich auf. – Wenn dann eine solche Reihe von Vorstellungen abgelaufen ist, dann geht das innere Erleben in die gewöhnliche Seelenverfassung über. Man findet sich in sich mit der Erinnerung an das eben Erlebte. Ist diese Erinnerung so lebhaft und so treu wie eine andre, dann befähigt sie auch, ein Urteil sich zu bilden über das Erlebte. Man weiß dann unmittelbar, daß man etwas durchgemacht hat, was man durch keinen leiblichen Sinn und auch nicht durch den gewöhnlichen Verstand durchmachen kann. Denn man fühlt, daß die eben gemachte Beschreibung, die man sich oder andern geben kann, nur ein Mittel ist, das Erlebnis auszudrücken. Der Ausdruck ist zwar ein Verständigungsmittel über die Sache; aber er hat mit dieser nichts gemein. Man weiß, daß man für ein solches Erlebnis keinen seiner Sinne braucht. – Wer etwa von einer verborgenen Wirksamkeit der Sinne oder des Gehirnes sprechen will, der kennt die wahre Gestalt des Erlebnisses nicht. Er hält sich an die Beschreibung, die von Blitz, Donner, Mauerrissen redet, und deswegen glaubt er, daß die Seele nichts erlebt hat als Nachklänge des gewöhnlichen Daseins. Er muß das Erlebte für eine Vision im gewöhnlichen Sinne des Wortes halten. Er vermag nicht anders, als so zu denken. Er berücksichtigt nur nicht, daß derjenige, welcher ein solches Erlebnis schildert, mit den Worten Blitz, Donner, Mauerrisse nur Bilder meint für das Erlebte, und daß er dieses nicht mit den Bildern verwechselt. Es ist richtig, daß ihm die Sache so erscheint, als ob er diese Bilder wirklich wahrnehmen würde. Er verhält sich aber in einem solchen Falle zur Blitzerscheinung nicht so, wie er dies tut, wenn er mit seinem Auge einen Blitz sieht. Für ihn bildet die Vision des Blitzes nur etwas, was sich gewissermaßen über das wahre Erlebnis hinüberbreitet; er sieht durch den Blitz auf etwas ganz anderes, auf etwas, das in der sinnlichen Außenwelt nicht erlebt werden kann.

Notwendig ist, damit ein richtiges Urteil zustande komme, daß die Seele, die solches erlebt, dann, wenn das Erlebnis vorbei ist, in völlig gesunder Art sich zur Außenwelt verhält. Sie muß richtig vergleichen können, was sie als besonderes Erlebnis gehabt hat, mit dem Erleben der gewöhnlichen Außenwelt. Wer schon im gewöhnlichen Leben dazu neigt, sich zu allerlei Schwärmereien über die Dinge hinreißen zu lassen, der taugt schlecht zu einem solchen Urteil. Je mehr der Mensch gesunden, man möchte sagen, nüchternen Wirklichkeitssinn hat, desto besser ist es, wenn es sich um eine wahrhafte und wertvolle Beurteilung solcher Dinge handelt. Vertrauen in übersinnliche Erlebnisse kann man sich selbst nur entgegenbringen, wenn man in bezug auf die gewöhnliche Welt sich sagen darf, daß man die Vorgänge und Dinge in klarer Weise so nimmt, wie sie sind.

Sind so alle notwendigen Bedingungen erfüllt, und hat man Grund anzunehmen, daß man nicht einer gewöhnlichen Vision zum Opfer gefallen ist, dann weiß man, daß man etwas erlebt hat, wozu man den Leib nicht als Vermittler der Beobachtung gehabt hat. Man hat ohne den Leib unmittelbar durch die in sich stärker gewordene Seele beobachtet. Man hat die Vorstellung eines Erlebnisses *außerhalb* seines Leibes gewonnen.

Es kann einleuchtend sein, daß auf diesem Gebiete gesetzmäßige Unterschiede zwischen Träumerei oder Illusion und wahrer außerhalb des Leibes vollzogener Beobachtung nicht in anderem Sinne angegeben werden können als auf dem Gebiet der äußeren Sinneswahrnehmung. Es kann vorkommen, daß jemand lebendige Geschmacksphantasie hat und schon bei der bloßen Vorstellung einer Limonade ähnlich empfindet, wie wenn er eine solche wirklich trinkt. Den Unterschied des einen von dem andern ergibt aber denn doch der ganze Zusammenhang des Lebens. Und so ist es auch mit den Erlebnissen, die außerhalb des Leibes gemacht werden. Um zu völlig überzeugenden Vorstellungen auf diesem Gebiete zu kommen, ist notwendig, sich in gesunder Art in dasselbe einzuleben, sich die Fähigkeit anzueignen, die Zusammenhänge des Erlebens zu beobachten, und so das eine durch das andere zu korrigieren.

Man hat durch ein Erlebnis, wie das geschilderte es ist, die Möglichkeit gewonnen, dasjenige, was zu dem eigenen Selbst gehört, nicht nur durch die Sinne und den Verstand, also durch die leiblichen Werkzeuge, zu beobachten. Man weiß nunmehr über die Welt nicht nur etwas andres, als was diese Werkzeuge erkennen lassen; man weiß auch auf andere Art. Darauf kommt es ganz besonders an. Eine Seele, die eine innerliche Umwandlung durchmacht, kommt immer mehr dazu, einzusehen, daß in der Sinneswelt deswegen die bedrückenden Daseinsfragen sich nicht zur Lösung bringen lassen, weil die Sinne und der Verstand nicht tief genug in die Welt eindringen können. Tiefer dringen die Seelen ein, welche sich so umwandeln, daß sie außerhalb des Leibes erleben können. In den Mitteilungen, welche sie über ihre Erlebnisse machen können, liegt vor, was die seelischen Rätsel lösen kann.

Nun ist ein Erleben, das außerhalb des Leibes sich vollzieht, von ganz andrer Art als ein solches im Leibe. Darüber klärt eben das Urteil auf, das in bezug auf das geschilderte Erlebnis gebildet werden kann, wenn nach ihm der gewöhnliche wache Seelenzustand wieder eingetreten und die Erinnerung lebhaft und klar genug zustande gekommen ist. Den sinnlichen Leib fühlt die Seele getrennt von der übrigen Welt, sie nimmt ihn als nur zu sich gehörig wahr. So ist es nicht mit dem, was man in sich und an sich erlebt außerhalb des Leibes. Da fühlt man sich verbunden mit allem, was man Außenwelt nennen kann. Was in der Umgebung ist, das fühlt man mit sich verbunden wie im Sinnesleben seine Hand. Es ist keine Gleichgültigkeit der Außenwelt gegenüber einer seelischen Innenwelt vorhanden. Man empfindet sich im vollen Maße als zusammengewachsen, verwoben mit dem, was man die Welt nennen kann. Deren Wirkungen gehen durch die eigene Wesenheit wahrnehmbar hindurch. Es ist keine scharfe Grenze zwischen Innenwelt und Außenwelt. Es gehört von dieser zu der betrachtenden Seele die ganze Umgebung, wie zum physischen Kopfe die beiden Hände des Leibes gehören. Trotzdem kann man von einem Stück dieser Außenwelt sprechen, das mehr zum eigenen Selbst gehört als die übrige Umgebung, wie man vom Kopfe als selbständigem Gliede gegenüber den Händen oder Füßen spricht.

Die Seele nennt ein Stück sinnlicher Außenwelt ihren Leib. Die außerhalb dieses Leibes erlebende Seele kann ebensogut einen Teil der nicht sinnlichen Außenwelt zu sich gehörig betrachten. Dringt der Mensch zu einer Beobachtung dieses jenseits der Sinnenwelt ihm zugänglichen Gebietes vor, so kann er davon sprechen, daß ein sinnlich nicht wahrnehmbarer Leib zu ihm gehört. Man kann diesen Leib den elementarischen oder ätherischen Leib nennen; wobei man bei dem Worte «ätherisch» nicht den von der Physik «Äther» genannten feinen Stoff in seine Vorstellung einbeziehen soll.

Wie die bloße Überlegung über das Verhältnis des Menschen zur natürlichen Außenwelt die den Tatsachen entsprechende Vorstellung des *physischen Leibes* ergibt, so führt die Wanderschaft der Seele in Gebiete, die außerhalb des Sinnenleibes erschaut werden können, zur Anerkennung eines *elementarischen* oder *ätherischen* oder Bildekräfteleibes.

DRITTE MEDITATION

Der Meditierende versucht sich Vorstellungen zu bilden über die hellsichtige Erkenntnis der elementarischen Welt

Man erlebt eine Welt, welche der Sinneswahrnehmung und dem gewöhnlichen Verstandesdenken unbekannt bleibt, wenn man nicht durch den sinnlichen Leib, sondern außerhalb desselben durch den elementarischen Leib wahrnimmt. Will man diese Welt mit etwas vergleichen, das dem gewöhnlichen Erleben angehört, so bietet sich die Welt der Erinnerungen, der Gedächtnisvorstellungen dar. Wie diese aus dem Innern der Seele aufsteigen, so geschieht es auch mit den übersinnlichen Erlebnissen des elementarischen Leibes. Nur weiß die Seele bei einer Erinnerungsvorstellung, daß sich diese auf ein früheres Erlebnis innerhalb der Sinnenwelt bezieht. Die übersinnliche Vorstellung trägt ebenso eine Beziehung in sich. Wie sich die Erinnerungsvorstellung durch sich selbst als etwas ankündigt, was man nicht als bloßes Phantasiegebilde bezeichnen kann, so auch die übersinnliche Vorstellung. Sie ringt sich aus dem seelischen Erleben heraus, aber sie offenbart sich sogleich als ein inneres Erlebnis, welches sich auf etwas Äußeres bezieht. Durch die Erinnerungsvorstellung wird etwas in der Seele gegenwärtig, was man erlebt hat. Durch die übersinnliche Vorstellung wird inneres Seelenerlebnis, was irgendwann oder irgendwo in der übersinnlichen Welt vorhanden ist. Es offenbart sich also durch die Wesenheit der übersinnlichen Vorstellungen selbst, daß man sie so ansehen kann wie sich innerlich erschließende Mitteilungen aus einer übersinnlichen Welt.

Wie weit man kommt mit den Erlebnissen in der übersinnlichen Welt auf diese Art, das hängt davon ab, wie energisch man die Verstärkung des Seelenlebens betreibt. Ob man bloß einen Begriff davon erhält, daß eine Pflanze nicht bloß dasjenige ist, was man innerhalb der Sinnenwelt wahrnimmt, oder ob man einen ähnlichen Begriff von der ganzen Erde erhält, das gehört beides dem gleichen Gebiete des übersinnlichen Erlebens an. Betrachtet derjenige, welcher sich die Fähigkeit erworben hat, außerhalb seines sinnlichen Leibes wahrzunehmen, eine Pflanze, so kann er außer dem, was die Sinne an ihr zeigen, eine feine Gestalt wahrnehmen, welche die ganze Pflanze durchdringt. Diese Gestalt bietet sich ihm als eine Kraftwesenheit dar; und er kommt dazu, diese Kraftwesenheit als dasjenige anzusehen, was aus den Stoffen und Kräften der Sinnenwelt die Pflanze gestaltet, was den Umlauf ihrer Säfte bewirkt. Er kann sagen, wenn er einen brauchbaren, wenn auch nicht ganz zutreffenden Ausdruck anwenden will: in der Pflanze ist etwas, was die Säfte so in Umlauf bringt, wie meine eigene Seele meinen Arm hebt. Er blickt auf ein Inneres in der Pflanze. Und er muß diesem Inneren des Pflanzenwesens eine Selbständigkeit zugestehen gegenüber dem, was die Sinne an der Pflanze sehen. Er muß ihm auch zugestehen, daß es *vor* der sinnlichen Pflanze vorhanden ist. Er gelangt dazu, zu beobachten, wie eine Pflanze wächst, verwelkt, Keime treibt, und wie aus den letztern eine neue Pflanze entsteht. Die übersinnliche Kraftgestalt ist besonders dann am mächtigsten, wenn die Beobachtung dem Pflanzenkeim gegenüber geschieht. Da ist die sinnliche Wesenheit unscheinbar in einer gewissen Beziehung; die übersinnliche dagegen ist vielgliedrig. Sie enthält alles, was an dem Aufbau und Wachstum der Pflanze aus der übersinnlichen Welt heraus mitarbeitet. – Bei der übersinnlichen Beobachtung der ganzen Erde ergibt sich eine Kraftwesenheit, von welcher man ganz sicher wissen kann, sie war vorhanden, bevor alles dasjenige entstanden ist, was auf der Erde und innerhalb derselben sinnlich wahrnehmbar ist. Man kommt auf diesem Wege dazu, die übersinnlichen Kräfte vor sich zu erleben, welche in der Vorzeit der Erde an derselben mitgearbeitet haben. Was man so erlebt, kann man ebenso die ätherischen oder elementarischen Grundwesenheiten oder Leiber der Pflanze und der Erde nennen, wie man den Leib, durch welchen man außerhalb des physischen Leibes wahrnimmt, den eigenen elementarischen oder ätherischen Leib nennt.

Schon im Beginne der übersinnlichen Beobachtungsfähigkeit wird man gewissen Dingen und Vorgängen der Sinnenwelt außer ihren sinnlichen Eigenschaften noch solche elementarische Grundwesenheiten zuschreiben können. Man wird von einem ätherischen Leib der Pflanze oder der Erde sprechen. Doch sind die auf solche Art beobachteten elementarischen Wesenheiten durchaus nicht die einzigen, welche sich dem übersinnlichen Erleben darbieten. Von dem elementarischen Leibe einer Pflanze wird man sagen, er gestaltet die Stoffe und Kräfte der

Sinnenwelt und lebt sich dadurch in einem sinnlichen Leib aus. Doch kann man auch Wesenheiten beobachten, welche ein elementarisches Dasein führen. ohne sich in einem Sinnenleib auszuleben. Es gibt also für die übersinnliche Beobachtung auch rein elementarische Wesenheiten. Man erlebt nicht etwa bloß zu der Sinnenwelt etwas hinzu; man erlebt eine Welt, innerhalb welcher die Sinnenwelt sich darstellt, wie etwa Eisstücke im Wasser schwimmend. Wer nur das Eis sehen könnte und nicht das Wasser, dem wäre es möglich, nur dem Eise Wirklichkeit zuzugestehen, und nicht dem Wasser. Wer sich nur an das halten will, was sich durch die Sinne offenbart, der leugnet die übersinnliche Welt, innerhalb welcher die Sinnenwelt ein Teil ist wie die im Wasser befindlichen Eisstücke ein Teil der ganzen Wassermasse.

Man wird nun finden, daß diejenigen Menschen, welche übersinnliche Beobachtungen machen können, dasjenige, was sie schauen, so beschreiben, daß sie sich der Ausdrücke bedienen, welche den sinnlichen Empfindungen entlehnt sind. So kann man den elementarischen Leib eines Wesens der Sinnenwelt, oder ein rein elementarisches Wesen so beschrieben finden, daß gesagt wird, es offenbare sich als in sich geschlossener, mannigfaltig gefärbter Lichtleib. Es blitze in Farben auf, glimmere oder leuchte und lasse bemerken, daß diese Farben- oder Lichterscheinung seine Lebensäußerung sei. Wovon der Beobachter da eigentlich spricht, ist durchaus unsichtbar, und er ist sich dessen bewußt, daß mit dem, was er wahrnimmt, das Licht- oder Farbenbild nichts anderes zu tun hat, als etwa die Schrift, in welcher eine Tatsache mitgeteilt wird, mit dieser Tatsache selbst. Dennoch hat man nicht etwa bloß ein Übersinnliches in willkürlicher Art durch sinnliche Empfindungsvorstellungen ausgedrückt; sondern man hat während der Beobachtung das Erlebnis wirklich gemacht, das einem Sinneseindruck ähnlich ist. Es kommt dies davon her, daß im übersinnlichen Erleben die Befreiung von dem sinnlichen Leibe keine vollkommene ist. Dieser lebt mit dem elementarischen Leibe doch noch mit und bringt das übersinnliche Erlebnis in eine sinnliche Form. Die Beschreibung, die man so gibt von einer elementarischen Wesenheit, ist dann tatsächlich so gehalten, daß sie sich wie eine visionäre, oder phantastische Zusammenstellung von Sinneseindrücken zeigt. Wenn die Beschreibung so gegeben wird, dann ist sie trotzdem die wahre Wiedergabe des Erlebten. Denn man hat geschaut, was man schildert. Der Fehler, der gemacht werden kann, liegt nicht darin, daß man das Bild als solches schildert. Es liegt ein Fehler erst dann vor, wenn man das Bild für die Wirklichkeit hält, und nicht dasjenige, auf was das Bild, als auf die ihm entsprechende Wirklichkeit, hindeutet.

Ein Mensch, welcher niemals Farben wahrgenommen hat – ein Blindgeborener – wird, wenn er sich die entsprechende Fähigkeit erwirbt, elementarische Wesenheiten nicht so beschreiben, daß er sagt, sie blitzen als Farbenerscheinungen auf. Er wird sich derjenigen Empfindungsvorstellungen zum Ausdrucke bedienen, welche ihm gewohnt sind. Für die Menschen aber, welche sinnlich sehen können, ist eine Schilderung durchaus geeignet, welche sich etwa des Ausdruckes bedient, es blitzte eine Farbengestalt auf. Sie können dadurch sich die Empfindung von dem bilden, was der Beobachter der elementarischen Welt geschaut hat. Und das gilt nicht etwa nur für Mitteilungen, welche ein Hellsichtiger – es sei ein Mensch so genannt, der durch seinen elementarischen Leib beobachten kann – einem Nicht-Hellsichtigen macht, sondern auch für die Verständigung der Hellsichtigen untereinander. In der Sinnenwelt lebt der Mensch eben in seinem sinnlichen Leib, und dieser kleidet ihm die übersinnlichen Beobachtungen in Sinnesformen ein; daher ist innerhalb des menschlichen Erdenlebens der Ausdruck der übersinnlichen Beobachtungen durch die von ihnen erzeugten Sinnesbilder denn doch zunächst eine brauchbare Art der Mitteilung.

Es kommt darauf an, daß derjenige, welcher eine solche Mitteilung empfängt, in seiner Seele ein Erlebnis hat, welches zu der in Betracht kommenden Tatsache in dem richtigen Verhältnisse steht. Die sinnlichen Bilder werden nur mitgeteilt, damit durch sie etwas erlebt wird. So wie sie sich darbieten, können sie nicht in der Sinnenwelt vorkommen. Das ist eben ihre Eigentümlichkeit. Und deswegen rufen sie auch Erlebnisse hervor, die sich auf nichts Sinnliches beziehen.

Im Beginne seiner Hellsichtigkeit wird sich der Mensch nur schwer von dem Ausdruck des Sinnenbildes frei machen. Bei weiter dringender Fähigkeit wird aber allerdings das Bedürfnis entstehen, mehr willkürliche Darstellungsmittel zur Mitteilung für das Geschaute zu ersinnen. Bei diesen ergibt sich dann immer die Notwendigkeit, erst die gewissen Zeichen, deren man sich bedient, zu erklären. Je mehr die Zeitkultur erfordert, daß die übersinnlichen Erkenntnisse allgemein bekanntgemacht werden, desto mehr wird sich das Bedürfnis herausstellen, diese Erkenntnisse durch die Ausdrucksmittel des alltäglichen Lebens in der Sinnenwelt zu geben.

Die übersinnlichen Erlebnisse können so auftreten, daß sie sich zu gewissen Zeiten einstellen. Sie überkommen dann den Menschen. Und dieser hat dann Gelegenheit, durch eigenes Erleben über die übersinnliche Welt etwas zu erfahren, in dem Maße, als er gewissermaßen von dieser mehr oder weniger oft dadurch begnadet wird, daß sie in sein gewöhnliches Seelenleben hineinleuchtet. Eine höhere Fähigkeit besteht aber darinnen, willkürlich hellseherische Beobachtung aus dem gewöhnlichen Seelenleben heraus herbeizuführen. Der Weg zur Erlangung dieser Fähigkeit ergibt sich im allgemeinen durch eine energische Fortsetzung der inneren Verstärkung des Seelenlebens. Doch hängt auch viel von der Erlangung einer gewissen Seelenstimmung ab. Ein ruhiges, gelassenes Verhalten gegenüber der übersinnlichen Welt ist notwendig. Ein Verhalten, welches ebenso weit entfernt ist von dem brennenden Wunsch, möglichst viel und möglichst Deutliches zu erfahren, wie andrerseits auch von der persönlichen Uninteressiertheit gegenüber dieser Welt. Der brennende Wunsch wirkt so, daß er vor das leibfreie Schauen etwas wie einen unsichtbaren Nebel breitet. Die Uninteressiertheit verhält sich so, daß die übersinnlichen Dinge wirklich sich offenbaren, aber einfach nicht bemerkt werden. Diese Uninteressiertheit kommt zuweilen in einer ganz besonderen Form zum Ausdrucke. Es gibt Menschen, welche in der ehrlichsten Art Erlebnisse des Hellsehens haben möchten. Aber sie machen sich von vornherein eine ganz bestimmte Vorstellung, wie diese sein müssen, wenn sie sie als echte anerkennen sollen. Und dann kommen wirkliche Erlebnisse; diese huschen jedoch vorbei, ohne daß ihnen Interesse entgegengebracht wird, weil sie eben nicht so sind, wie man sich vorgestellt hat, daß sie sein sollten.

Bei der willkürlich herbeigeführten Hellsichtigkeit kommt im Verlaufe der inneren Seelenbetätigung einmal der Augenblick, in dem man weiß: jetzt erlebt die Seele etwas, was sie vorher nicht erlebt hat. Das Erlebnis ist kein bestimmtes, sondern das allgemeine Gefühl, man stehe nicht der sinnlichen Außenwelt gegenüber, man sei nicht in ihr, jedoch man sei auch nicht in sich, wie man es im gewöhnlichen Seelenleben ist. Das äußere und das innere Erleben fließen in eins, in ein Lebensgefühl zusammen, das bisher der Seele unbekannt war, und von dem sie weiß, sie könnte es nicht haben, wenn sie nur durch die Sinne mit der Außenwelt lebte, oder wenn sie in ihren gewöhnlichen Empfindungen und Erinnerungsvorstellungen lebte. Man empfindet dann weiter, daß sich in diesen Seelenzustand etwas aus einer bisher unbekannten Welt hereinschiebt. Aber man kann nicht zu einer Vorstellung von diesem Unbekannten kommen. Man erlebt, aber man kann nicht vorstellen. Dagegen überkommt denjenigen, der solches erlebt, das Gefühl, als ob er an seinem physisch-sinnlichen Leibe ein Hindernis hätte, das vorzustellen, was sich in die Seele hereindrängt. Setzt man nun die innere Seelenanstrengung immer wieder fort, so wird man sich nach einiger Zeit wie den Überwinder seines Leibeswiderstandes fühlen. Der physische Verstandesapparat war bisher nur geeignet Vorstellungen zu bilden, welche sich an Erlebnisse in der Sinnenwelt anschließen. Er ist zunächst unfähig, das zur Vorstellung zu erheben, was aus der übersinnlichen Welt sich offenbaren will. Er muß erst so bearbeitet werden, daß er dies vermag. So wie das Kind die Außenwelt um sich hat, sein Verstandesapparat aber erst im Erleben an der Außenwelt zubereitet werden muß, um sich auch Vorstellungen über die Umgebung zu machen, so ist der Mensch im allgemeinen unfähig, die übersinnliche Welt vorzustellen. Der angehende Hellseher vollzieht an seinem Vorstellungsapparat dasselbe auf höherer Stufe, was sich im Kinde vollzieht. Er läßt seine verstärkten Gedanken auf diesen Apparat wirken. Dadurch wird dieser allmählich umgebildet. Er wird imstande, die übersinnliche Welt in das Vorstellungsleben aufzunehmen. Man fühlt, wie man durch die Seelentätigkeit formend wirkt auf den eigenen Leib. Erst macht sich dieser als schwerer Gegendruck gegen das Seelenleben geltend; man fühlt ihn wie einen Fremdkörper in sich. Dann bemerkt man, wie er immer mehr sich anpaßt an das Seelen-Erleben; zuletzt fühlt man den Leib nicht mehr, aber man hat dafür vor sich die übersinnliche Welt, wie man das Auge nicht wahrnimmt, durch das man die Farbenwelt sieht. Der Leib muß unwahrnehmbar werden, bevor die Seele die übersinnliche Welt erschauen kann. Hat man auf diese Art es dahin gebracht, die Seele willkürlich hellseherisch zu machen, dann wird man in der Regel diesen Zustand immer wieder herbeiführen können, wenn man sich auf einen Gedanken konzentriert, den man besonders kraftvoll in sich erleben kann. Als Folge der Hingabe an diesen Gedanken wird man dann die Hellsichtigkeit herbeigeführt finden. Zunächst wird man noch nicht in der Lage sein, etwas ganz bestimmtes zu sehen, was man sehen will. Es werden in das Seelenleben übersinnliche Dinge oder Vorgänge hereinspielen, auf die man in keiner Art vorbereitet ist, und die man als solche nicht herbeiführen wollte. Doch gelangt man im weiteren Verfolg der inneren Anstrengung dazu, auch den geistigen Blick auf solche Dinge zu lenken, die man zu erkennen beabsichtigt. Wie man ein vergessenes Erlebnis ins Gedächtnis zu bringen sucht dadurch, daß man ein verwandtes sich in die Seele ruft, so kann man als Hellseher von einem Erlebnis ausgehen, von dem man mit Recht glauben darf, daß es mit dem gesuchten in einem Verhältnis stehe. Wenn man sich an das Bekannte intensiv hingibt, so kommt oft nach längerer oder kürzerer Zeit dasjenige hinzu, das man zu erleben beabsichtigt. Im allgemeinen ist aber zu beachten, daß für den Hellseher ein ruhiges Abwarten der günstigen Augenblicke von dem allergrößten Wert ist. Man soll nichts herbeiziehen wollen. Ergibt sich ein angestrebtes Erleben nicht, so ist es gut, vorläufig darauf zu verzichten und die Gelegenheit ein andres Mal wieder herbeizuführen. Der menschliche Erkenntnisapparat bedarf des ruhigen Heranreifens zu bestimmten Erlebnissen. Wer nicht die Geduld hat, ein solches Reifen abzuwarten, der wird unrichtige oder ungenaue Beobachtungen machen.

VIERTE MEDITATION

Der Meditierende versucht eine Vorstellung von dem «Hüter der Schwelle» zu bilden

Wenn die Seele zu der Fähigkeit gekommen ist, außerhalb des Sinnenleibes etwas zu beobachten, können für sie gewisse Schwierigkeiten des Gefühlslebens eintreten. Sie kann sich gezwungen sehen, eine ganz andre Stellung zu sich selbst einzunehmen, als sie vorher gewohnt war. Der Sinnenwelt stand sie so gegenüber, daß sie dieselbe als Außenwelt ansah und die Erlebnisse des Innern als ihr Eigentum. Zur übersinnlichen Außenwelt kann sie sich nicht in dieser Art verhalten. Sobald sie diese Außenwelt wahrnimmt, fließt sie gewissermaßen mit ihr zusammen; sie kann sich nicht so von ihr abgetrennt vorstellen wie von der sinnlichen Außenwelt. Dadurch nimmt alles, was sie dieser übersinnlichen Außenwelt gegenüber als die eigene Innenwelt bezeichnen kann, eine gewisse Eigentümlichkeit an, welche zunächst schwer mit den Vorstellungen von Innerlichkeit zu vereinigen ist. Man kann nicht mehr sagen: ich denke, ich fühle, oder ich habe meine Gedanken und gestalte sie. Man muß sagen: etwas denkt in mir, etwas läßt in mir Gefühle aufleuchten, etwas gestaltet die Gedanken, so daß sie in einer ganz bestimmten Art auftreten und im Bewußtsein sich als anwesend zeigen.

Dieses Gefühl kann nun etwas außerordentlich Bedrückendes dann haben, wenn die Art des übersinnlichen Erlebens sich als eine solche erweist, die Gewißheit darüber gibt, daß man richtig eine Wirklichkeit erlebt, und sich nicht einer Phantasterei oder Illusion hingibt. So wie es auftritt, kann es zeigen, daß sich die übersinnliche Außenwelt wohl erfühlen, sich denken will, daß sie aber an dem, was sie zustande bringen will, gehindert wird. Zugleich erhält man die Empfindung, daß dasjenige, was da in die Seele herein will, die wahre Wirklichkeit ist, und daß sie allein über das aufklären kann, was man bisher als Wirklichkeit erlebt hat. Auch die Form nimmt diese Empfindung an, daß die übersinnliche Wirklichkeit sich als etwas zeigt, was die bisher der Seele bekannte Wirklichkeit an Wert unendlich überstrahlt. Es hat diese Empfindung deshalb etwas Bedrückendes, weil man zu dem Gedanken kommt, den nächsten Schritt, welchen man nun zu machen hat, *muß* man wollen. Es liegt in der Wesenheit dessen, was man durch sein inneres Erleben geworden ist, diesen Schritt zu machen. Wie eine Verleugnung dessen, was man ist, ja wie eine Selbstvernichtung müßte man es empfinden, wenn man den Schritt nicht täte. Und doch kann auch das Gefühl auftreten, man kann ihn nicht tun, oder wenn man ihn unternimmt, so wie es möglich ist, so bleibt er unvollkommen.

Das alles verwandelt sich in die Vorstellung: so wie die Seele nunmehr ist, so liegt vor ihr eine Aufgabe, die sie nicht bewältigen kann, weil sie so, wie sie ist, von der übersinnlichen Außenwelt nicht aufgenommen wird, weil diese sie nicht in sich haben will. So kommt die Seele dazu, sich im Gegensatze zur übersinnlichen Welt zu fühlen, sie muß sich sagen, du bist nicht so, wie du mit dieser Welt zusammenfließen kannst. Sie aber kann dir nur die wahre Wirklichkeit zeigen, und auch, wie du selbst zu dieser wahren Wirklichkeit dich verhältst; du hast dich also von dem echten Beobachten des Wahren abgetrennt. Dieses Gefühl bedeutet eine Erfahrung, welche immer mehr über den ganzen Wert der eigenen Seele entscheidend wird. Man fühlt sich mit seinem vollen Leben in einem Irrtum drinnen stehend. Doch unterscheidet sich dieser Irrtum von anderen Irrtümern. Diese werden gedacht, er aber wird erlebt. Ein Irrtum, der gedacht ist, wird weggeschafft, wenn man an die Stelle des unrichtigen Gedankens den richtigen setzt. Der erlebte Irrtum ist ein Teil des Seelenlebens selbst geworden; man *ist* der Irrtum; man kann ihn nicht einfach verbessern, denn man mag denken, wie man will, er ist da, er ist ein Teil der Wirklichkeit, und zwar der eigenen Wirklichkeit. Ein solches Erlebnis hat etwas Vernichtendes für das eigene Selbst. Man empfindet seine Innerlichkeit schmerzvoll zurückgestoßen von allem, was man ersehnt. Dieser Schmerz, der auf einer Stufe der Seelenwanderschaft empfunden wird, überragt weit alles, was man an Schmerzen in der Sinnenwelt empfinden kann. Und deshalb kann er auch alles das überragen, dem man durch das bisherige Seelenleben gewachsen ist. Er kann etwas Betäubendes haben. Die Seele steht vor der bangen Frage, woher soll ich die Kräfte nehmen, um zu ertragen, was mir da auferlegt ist? Und sie muß innerhalb ihres eigenen Lebens diese Kräfte finden. Sie bestehen in etwas, das man als inneren Mut, als innere Furchtlosigkeit bezeichnen kann.

Um nun weiter in der Seelenwanderschaft zu kommen, muß man dazu geführt werden, daß aus dem Innern solche Kräfte des Ertragens seiner Erlebnisse sich erschließen, die inneren Mut und innere Furchtlosigkeit ergeben, wie man sie zum Leben innerhalb des Sinnenleibes nicht nötig hatte. Solche Kräfte ergeben sich nur durch wahre Selbsterkenntnis. Man sieht im Grunde auf dieser Stufe der Entwickelung erst ein, wie wenig man bisher von sich wirklich gewußt hat. Man überließ sich dem inneren Erleben, ohne dieses etwa so zu betrachten, wie man einen Teil der Außenwelt betrachtet. Man erhält aber durch die Schritte, welche zur Fähigkeit geführt haben, außerhalb des Leibes zu erleben, besondere Mittel zur Selbsterkenntnis. Man lernt sich gewissermaßen von einem Gesichtspunkt aus betrachten, der sich nur ergibt, wenn man außerhalb des sinnlichen Leibes ist. Und es ist das geschilderte bedrückende Gefühl selbst schon der Anfang wahrer Selbsterkenntnis. Sich in einem Irrtum erleben in seinem Verhältnis zur Außenwelt, das zeigt ja das eigene Seelenwesen, wie es wirklich ist.

Nun liegt es in der Natur der Menschenseele, solche Aufklärung über sich selbst als peinvoll zu empfinden. Man erfährt erst, wenn man diese Pein empfindet, wie stark die ganz selbstverständliche Sehnsucht ist, sich als Menschen, so wie man ist, als wertvoll, als bedeutungsvoll zu halten. Es mag häßlich aussehen, daß dies so ist; man muß sich dieser Häßlichkeit des eigenen Selbstes frei gegenüberstellen. Man empfand diese Häßlichkeit vorher eben aus dem Grunde nicht, weil man nie mit seinem Bewußtsein in die eigene Wesenheit wirklich eingedrungen ist. Man bemerkt erst in einem solchen Augenblicke, wie man an sich liebt, was man nun als häßlich empfinden soll. Die Gewalt der Eigenliebe zeigt sich in ihrer vollen Größe. Und zugleich zeigt sich, wie wenig Neigung man hat, diese Eigenliebe abzulegen. Wenn es sich um die Eigenschaften der Seele handelt, die für das gewöhnliche Leben, für das Verhältnis zu andern Menschen in Betracht kommen, so stellt sich die Schwierigkeit schon als groß genug heraus. Man erfährt durch wahre Selbsterkenntnis zum Beispiel, daß man bisher geglaubt hat, man stünde einem Menschen wohlwollend gegenüber, und daß man doch in den Seelengründen verborgenen Neid oder Haß oder ähnliches hegt. Man erkennt, daß diese bisher nicht zutage getretenen Gefühle sich ganz gewiß einmal werden äußern wollen. Und man wird gewahr, daß es ganz oberflächlich wäre, sich zu sagen: nun hast du doch erkannt, daß es so mit dir stehe, vertilge also in dir den Neid, den Haß. Man entdeckt aber, daß man mit einem solchen Gedanken ganz gewiß einmal sich recht schwach erweisen werde, wenn der Drang, den Haß zu befriedigen, den Neid auszuleben, wie mit Naturgewalt aus der Seele hervorbrechen werden. Solche besonderen Selbsterkenntnisse treten bei diesem oder jenem Menschen je nach der Beschaffenheit seines Seelenwesens auf. Sie stellen sich ein, wenn Erleben außerhalb des Sinnenleibes eintritt, weil dann die Selbsterkenntnis eben eine wahre wird, und nicht mehr getrübt sein kann von dem Wunsche, sich in der einen oder anderen Art zu finden, wie man es doch nur liebt, zu sein.

Diese besonderen Selbsterkenntnisse sind schmerzvoll, sind bedrückend für die Seele. Derjenige, der sich die Fähigkeit erwerben will, außerhalb des Leibes zu erleben, kann sie nicht vermeiden. Denn sie treten notwendig auf durch das ganz besondere Verhältnis, in das er sich zu der eigenen Seele stellen muß. Doch der stärksten Seelenkräfte bedarf es, wenn es sich um eine ganz allgemeine menschliche Selbsterkenntnis handelt. Man beobachtet sich von einem Gesichtspunkte, der außerhalb des bisherigen Seelenlebens liegt. Man sagt zu sich selber: du hast nach deiner menschlichen Wesenheit die Dinge und Vorgänge der Welt betrachtet und über sie geurteilt. Versuche dir einmal vorzustellen, du könntest sie nicht so betrachten, nicht so über sie urteilen. Dann wärest du überhaupt nicht das, was du bist. Du hättest keine inneren Erlebnisse. Du selbst wärest ein Nichts. So zu sich sagen, muß nicht etwa nur der Mensch, der im Alltagsleben drinnen steht, und sich nur selten einmal Vorstellungen über die Welt und das Leben macht. So muß jeder Wissenschafter, jeder Philosoph sagen. Denn auch Philosophie ist nur eine Beobachtung und Beurteilung der Welt nach Maßgabe der Eigenschaften des menschlichen Seelenlebens. Eine solche Beurteilung kann aber mit der übersinnlichen Außenwelt nicht zusammenfließen. Sie wird von derselben zurückgewiesen. Damit wird aber alles zurückgewiesen, was man bisher gewesen ist. Man sieht auf seine ganze Seele, auf sein «Ich» als auf etwas zurück, was man ablegen muß, wenn man die übersinnliche Welt betreten will. – Nun kann aber die Seele gar nicht anders, als dieses «Ich» für ihre eigentliche Wesenheit halten, bevor sie die übersinnliche Welt betritt. Sie muß in ihr die wahre menschliche Wesenheit sehen. Sie muß sich sagen: durch dieses mein Ich muß ich mir Vorstellungen über die Welt machen; dieses mein Ich darf ich nicht verlieren, wenn ich mich nicht als Wesenheit selbst verloren geben will. Der stärkste Trieb ist in ihr, das Ich sich überall zu wahren, um nicht allen Boden unter den Füßen zu verlieren. Was so die Seele im gewöhnlichen Leben berechtigt empfinden muß, das darf sie nicht mehr empfinden, sobald sie in die übersinnliche Außenwelt eintritt. Sie muß da eine Schwelle überschreiten, an der sie nicht den einen oder anderen wertvollen Besitz nur, an welcher sie das zurücklassen muß, was sie sich bisher selbst war. Sie muß sich sagen können, was dir bisher als deine stärkste Wahrheit zu gelten hatte, das muß nun jenseits der Schwelle zur übersinnlichen Welt dir als der stärkste Irrtum erscheinen können.

Gegenüber einer solchen Forderung kann die Seele zurückschaudern. Sie kann, was sie zu tun hätte, so stark als ein Hingeben, eine Nichtigkeitserklärung der eigenen Wesenheit empfinden, daß sie an der bezeichneten Schwelle sich mehr oder weniger die eigne Ohnmacht eingesteht, der Forderung zu genügen. Dieses Eingeständnis kann alle möglichen Formen annehmen. Es kann ganz instinktiv auftreten, und dem Menschen, der in seinem Sinne denkt und handelt, als etwas ganz anderes erscheinen, als es wirklich ist. Er kann zum Beispiel eine tiefe Abneigung gegen alle übersinnlichen Wahrheiten empfinden. Er kann sie für Träumereien, Phantastereien halten. Er tut dies nur aus dem Grunde, weil er in seinen ihm selbst unbekannten Seelengründen eine geheime Furcht vor diesen Wahrheiten hat. Er empfindet, daß er nur mit dem leben kann, was die Sinne und das Verstandesurteil offenbaren. Er vermeidet es deshalb, an die Schwelle zur übersinnlichen Welt heranzukommen. Er kleidet sich dieses Vermeiden so ein, daß er sagt, was jenseits dieser Schwelle liegen soll, ist vor Vernunft und Wissenschaft nicht haltbar. Es handelt sich aber doch nur darum, daß er Vernunft und Wissenschaft, wie er sie kennt, liebt, weil sie an sein Ich gebunden sind. Es handelt sich um eine ganz allgemein menschliche Form von Eigenliebe. Diese aber kann in die übersinnliche Welt nicht mit hineingenommen werden.

Es kann aber auch der Fall eintreten, daß es bei diesem instinktiven Haltmachen vor der Schwelle nicht bleibt. Daß der

Mensch bewußt bis zu ihr herantritt, und dann umkehrt, weil er Furcht empfindet vor dem, was ihm bevorstcht. Er wird dann nicht leicht die Wirkungen verwischen können, welche durch sein Herantreten an die Schwelle sich für sein gewöhnliches Seelenleben einstellen. Diese werden in den Folgen liegen, welche die Ohnmacht, die er empfunden hat, über sein ganzes Seelensein ausbreitet.

Was eintreten soll, besteht darin, daß der Mensch sich fähig mache, das, was er im gewöhnlichen Leben als stärkste Wahrheit empfindet, beim Betreten der übersinnlichen Welt abzulegen und sich auf eine andere Art einzurichten, die Dinge zu empfinden und zu beurteilen. Er muß nur sich auch klar darüber sein, daß er, wenn er wieder der Sinnenwelt gegenübersteht, auch wieder die für diese gültige Empfindungs- und Beurteilungsart gebrauchen muß. Er muß nicht nur lernen, in zwei Welten zu leben, sondern auch in beiden auf ganz verschiedene Art zu leben. Er darf sich für das gewöhnliche Stehen in der Sinnes- und Verstandeswelt das gesunde Urteil nicht beeinträchtigen, weil er für eine andre Welt zur Anwendung einer andren Urteilsart gezwungen ist.

Für die menschliche Wesenheit ist eine solche Stellungnahme schwierig. Die Fähigkeit für sie erlangt man nur durch fortgesetzte energische und geduldige Verstärkung des Seelenlebens. Wer die Erfahrungen an der Schwelle macht, der empfindet, daß es für das gewöhnliche menschliche Seelenleben eine Wohltat ist, nicht bis zu dieser Schwelle hingeführt zu werden. Die Empfindungen, welche in ihm auftreten, sind so, daß man gar nicht anders kann, als diese Wohltat von einer wesenhaften Macht herrührend zu denken, welche den Menschen schützt vor der Gefahr, die Schrecken der Selbstvernichtung an der Schwelle zu erleben. – Es liegt hinter der Außenwelt, welche dem gewöhnlichen Leben gegeben ist, eine andre. Vor deren Schwelle steht ein strenger Hüter, welcher bewirkt, daß der Mensch nichts erfährt von dem, was Gesetze der übersinnlichen Welt sind. Denn alle Zweifel, alle Ungewißheit über diese Welt sind doch noch leichter zu ertragen, als das Schauen dessen, was man zurücklassen muß, wenn man sie betreten will.

Der Mensch bleibt geschützt vor den geschilderten Erlebnissen, solange er nicht an diese Schwelle selbst herantritt. Daß er Erzählungen von ihren Erlebnissen von denen entgegennimmt, welche diese Schwelle betreten oder überschritten haben, das ändert nichts daran, daß er geschützt ist. Dagegen kann ihm solche Entgegennahme dienen im guten Sinne, wenn er sich der Schwelle nähert. Es ist auch in diesem Falle so wie in vielen andern, daß eine Verrichtung besser vollzogen wird, wenn man vorher schon eine Vorstellung von ihr sich machen kann, als im entgegengesetzten Falle. An dem aber, was der Wanderer in die übersinnliche Welt an Selbsterkenntnis gewinnen soll, wird durch solches Vorherwissen nichts geändert. Es ist deshalb nicht den Tatsachen entsprechend, wcnn manche hellsichtige oder mit dem Wesen der Hellsichtigkeit vertraute Personen behaupten, von solchen Dingen solle überhaupt im Kreise von Menschen nicht gesprochen werden, die nicht vor dem Entschlusse unmittelbar stehen, sich in die übersinnliche Welt selbst hineinzubegeben. Wir leben gegenwärtig in einer Zeit, in welcher die Menschen immer mehr mit dem Wesen der übersinnlichen Welt bekannt werden müssen, wenn sie den Forderungen des Lebens seelisch gewachsen sein wollen. Die Verbreitung der übersinnlichen Erkenntnisse und somit auch derjenigen vom Hüter der Schwelle gehört zu den Aufgaben der Gegenwart und der nächsten Zukunft.

FÜNFTE MEDITATION

Der Meditierende versucht eine Vorstellung des «astralischen Leibes» zu bilden

Wenn man durch den elementarischen Leib eine übersinnliche Außenwelt erlebt, ist man von dieser weniger abgeschlossen, als man beim Erleben im Sinnenleib von seiner physischen Umgebung ist. Dennoch hat man ein Verhältnis zu dieser übersinnlichen Außenwelt, das sich in der Art ausdrücken läßt, daß man sagt, man habe mit sich verbunden gewisse Substanzen der elementarischen Welt als einen besonderen elementarischen Leib, wie man die Stoffe und Kräfte der physischen Außenwelt in dem physischen Leibe an sich trägt. Daß dieses sich so verhält, das bemerkt man, wenn man außerhalb seines Sinnenleibes sich in der übersinnlichen Welt orientieren will. Es kann vorkommen, daß man irgendeine Tatsache oder Wesenheit der übersinnlichen Welt vor sich hat. Sie kann da sein; man kann sie schauen; aber man weiß nicht, was sie ist. Ist man stark genug dazu, dann kann man sie vertreiben; aber nur dadurch, daß man durch energische Besinnung auf seine Erfahrung in der Sinnenwelt sich in diese zurückversetzt. Aber man kann nicht innerhalb der übersinnlichen Welt bleiben, und die geschaute Tatsache oder Wesenheit mit anderen vergleichen. Nur dadurch könnte man sich darüber orientieren, was das Geschaute bedeutet. Das Schauen der übersinnlichen Welt kann sich also darauf beschränken, daß man Einzelheiten wahrnimmt, sich aber nicht von dem einen zu dem andern frei bewegen kann. Man fühlt sich dann an der Einzelheit festgehalten.

Man kann nun den Grund dieser Beschränkung suchen. Man wird ihn nur finden, wenn man durch weitere innere Entwickelung, welche das Seelenleben noch mehr verstärkt, dazu kommt, daß in einem besonderen Falle diese Beschränkung nicht mehr da ist. Dann aber wird man gewahr, daß der Grund, warum man von dem einen Geschauten nicht zu einem andern sich hinbewegen konnte, in der eigenen Seele gelegen ist. Man lernt erkennen, daß das Schauen der übersinnlichen Welt sich auch noch dadurch von dem Wahrnehmen in der sinnlichen Welt unterscheidet, daß man in der letzteren zum Beispiele alles Sichtbare sehen kann, wenn man richtig arbeitende Augen hat. Sieht man das eine, so kann man durch dasselbe Auge auch das andre sehen. So ist es in der übersinnlichen Welt nicht. Man kann das übersinnliche Beobachtungsorgan des elementarischen Leibes so ausgebildet haben, daß man diese oder jene Tatsache erleben kann; soll eine andere geschaut werden, so muß das Organ für diese erst wieder besonders ausgebildet werden. – Nun hat man gegenüber einer solchen Ausbildung eine Empfindung, die wie ein Erwachen des Organs für einen bestimmten Teil der übersinnlichen Welt ist. Man fühlt, wie wenn der elementarische Leib gegenüber der übersinnlichen Welt in einer Art von Schlafzustand sei, und als ob er für jede Einzelheit erst erweckt werden müsse. Man kann wirklich von einem Schlafen und Wachen in der elementarischen Welt sprechen. Nur sind für diese Welt Schlafen und Wachen nicht Wechselzustände, wie sie es innerhalb des Lebens in der Sinnenwelt sind. Sie sind als Zustände gleichzeitig am Menschen vorhanden. Solange sich der Mensch keine Fähigkeit erworben hat, durch seinen elementarischen Leib etwas zu erleben, schläft dieser Leib. Der Mensch trägt diesen Leib immer an sich, aber als einen schlafenden. Mit der Verstärkung des Seelenlebens beginnt das Erwachen, aber zunächst nur für einen Teil dieses Leibes. Man lebt sich immer mehr in die elementarische Welt hinein, indem man immer mehr und mehr von dem eigenen elementarischen Wesen erweckt.

Zu diesem Erwecken kann nun der Seele nichts in der elementarischen Welt selbst verhelfen. So viel auch schon geschaut werden kann: das eine Geschaute trägt nichts dazu bei, daß auch ein andres geschaut werden kann. Freie Beweglichkeit in der übersinnlichen Welt kann die Seele durch nichts erlangen, was in der elementarischen Umgebung zu finden ist. Wenn man die Übungen in der Seelenverstärkung fortsetzt, so erlangt man immer mehr und mehr für gewisse Gebiete diese Beweglichkeit. Durch alles dieses wird man auf etwas in sich aufmerksam, welches der elementarischen Welt nicht angehört, das man aber im Erleben dieser Welt in sich selber entdeckt. Man findet sich als ein besonderes Wesen in der übersinnlichen Welt, das wie ein Lenker seines elementarischen Leibes sich erscheint, wie ein Beherrscher desselben, der allmählich diesen Leib zu einem übersinnlichen Bewußtsein erweckt.

Ist man dazu gelangt, so überkommt die Seele ein ungeheures Einsamkeitsgefühl. Man schaut sich in einer Welt, die nach allen

Seiten hin elementarisch ist; nur sich selbst schaut man innerhalb der unendlichen elementarischen Weiten als ein Wesen, das nicht seinesgleichen irgendwo erschauen kann. – Es soll nicht behauptet werden, daß *jede* Entwickelung zum Hellsehertum zu dieser schauervollen Einsamkeit führt; doch derjenige, welcher durch eigene Kraft bewußt sich die Seelenverstärkung aneignet, wird dazu gelangen. Und wer einem Lehrer folgt, der ihm von Schritt zu Schritt Anleitung gibt, um in der Entwickelung vorwärts zu dringen, der wird – vielleicht spät – aber doch eines Tages erfahren müssen, daß sein Lehrer ihn sich selbst überlassen hat. Er wird sich zunächst von ihm verlassen und der Einsamkeit in der elementarischen Welt übergeben finden. Nachträglich erst wird er erkennen, daß er weise von dem Lehrer behandelt worden ist, und daß dieser ihn auf sich selbst verweisen mußte, nachdem die Notwendigkeit zu solcher Selbständigkeit sich ergeben hatte.

Wie ein in die elementarische Welt Verbannter erscheint sich der Mensch auf dieser Stufe der Seelenwanderschaft. Nun aber kann er weiter gelangen, wenn durch seine inneren Übungen genügende Seelenkraft in ihm ist. Er kann beginnen – nicht in der elementarischen Welt, wohl aber in sich selbst eine neue Welt auftauchen zu sehen, welche weder mit der Sinnenwelt, noch mit der elementarischen Welt eine und dieselbe ist. Es kommt für einen solchen Menschen eine zweite übersinnliche Welt zu der ersten hinzu. Diese zweite übersinnliche Welt ist nun zunächst eine vollständige Innenwelt. Man fühlt, daß man sie in sich selbst trägt und mit ihr allein ist. Will man diesen Zustand mit etwas aus der Sinnenwelt vergleichen, so bietet sich das folgende dar. Jemand habe alle seine lieben Angehörigen hinsterben sehen und trage in sich nur noch die Erinnerung an sie in seiner Seele. Sie leben für ihn nur noch als seine Gedanken weiter. – So ist man in der zweiten übersinnlichen Welt. Man trägt sie in sich; aber man weiß, daß man von ihrer Wirklichkeit abgeschlossen ist. Nur hat dasjenige, was von dieser Wirklichkeit in der Seele lebt, selbst eine ganz andre Wirklichkeit, als bloße Erinnerungsvorstellungen in der Sinnenwelt. Es lebt in der eigenen Seele diese übersinnliche Welt ein selbständiges Dasein. Alles, was da ist, will aus der Seele hinaus, will zu etwas anderem hin. So fühlt man eine Welt in sich, aber so, daß diese Welt nicht in der Seele bleiben will. Das ruft ein Gefühl hervor, als ob man durch jede Einzelheit dieser Welt zersprengt werden sollte. Man kann dazu kommen, daß sich diese Einzelheiten selbst befreien, daß sie etwas wie eine Seelenhülle gleichsam durchreißen und der Seele entfliehen. Dann kann man sich verarmt fühlen um alles, was sich der Seele so entrissen hat. –

Man lernt nun erkennen, daß sich dasjenige in einer gewissen Weise verhält, was man von dem übersinnlichen Seeleninhalt so lieben kann, daß man es um seiner selbst willen liebt und nicht deswegen, weil es in der eigenen Seele ist. Was man in solcher Art hingebend lieben kann, das entreißt sich der Seele nicht; es dringt zwar aus der Seele heraus, aber es nimmt diese Seele gewissermaßen mit. Es führt sie dorthin, wo es in seiner Wirklichkeit lebt. Es findet eine Art Vereinigung mit dem wirklichen Wesen statt, während man vorher nur etwas wie ein Nachbild dieses Wesens in sich getragen hat. Die hier gemeinte Liebe muß aber eine solche sein, welche in der übersinnlichen Welt erlebt wird. In der Sinnenwelt kann man sich für eine solche Liebe nur vorbereiten. Doch bereitet man sich vor, wenn man die Liebefähigkeit in der Sinnenwelt zu einer starken macht. Einer um so stärkeren Liebe man in der Sinnenwelt fähig ist, um so mehr verbleibt der Seele von dieser Liebefähigkeit für die übersinnliche Welt. Dieses bezieht sich auf die Einzelheiten der übersinnlichen Welt so, daß man zum Beispiel zu jenen wirklichen übersinnlichen Wesen, welche mit den Pflanzen der Sinnenwelt in Verbindung stehen, nicht gelangen kann, wenn man Pflanzen in der sinnlichen Welt nicht liebt. Doch kann in bezug auf solche Dinge leicht eine Täuschung eintreten. Es kann vorkommen, daß ein Mensch in der Sinnenwelt ganz lieblos an der Pflanzenwelt vorbeigeht; es kann aber trotzdem in seiner Seele verborgen eine ihm unbewußte Neigung für diese Welt vorhanden sein. Dann kann diese Liebe erwachen, wenn er die übersinnliche Welt betritt.

Wie von der Liebe, so kann das Vereinigen mit Wesen der übersinnlichen Welt auch von andern Eigenschaften der Seele abhängen, wie von der Achtung oder Ehrfurcht, welche innerhalb der übersinnlichen Welt die Seele für ein Wesen empfinden kann, wenn sie erst das Nachbild dieses Wesens in sich auftauchen fühlt. Es werden aber diese Eigenschaften stets solche sein, die man zu den inneren Seeleneigenschaften zu zählen hat. – Man wird so diejenigen Wesen der übersinnlichen Welt kennenlernen, zu denen sich die Seele durch solche Eigenschaften selbst den Zugang eröffnet. Es erschließt sich ein sicherer Weg zur Orientierung in der übersinnlichen Welt dadurch, daß man durch seine Verhältnisse zu den Nachbildern der Wesen sich den Zugang zu ihnen frei macht. In der Sinnenwelt liebt man ein Wesen, nachdem man es kennen gelernt hat; in der zweiten übersinnlichen Welt kann man vor der Begegnung mit der Wirklichkeit das Abbild lieben, weil dieses Abbild vor jener Begegnung sich einstellt.

Was die Seele auf diese Art in sich kennenlernt, ist nicht der elementarische Leib. Denn es steht diesem als sein Erwecker gegenüber. Es ist ein in der Seele vorhandenes Wesen, das man so erlebt, wie man sich erleben würde, wenn man im Schlafe nicht bewußtlos würde, sondern bewußt außer seinem physischen Leibe sich erfühlte und beim Erwachen sich als den Erwecker empfände. So lernt die Seele eine in ihr vorhandene Wesenheit kennen, welche ein Drittes ist außer dem physischen und dem elementarischen Leib. Es sei diese Wesenheit der *astralische Leib* genannt, und mit diesem Worte hier zunächst nichts anderes angedeutet, als was sich innerhalb des Seelenseins in der geschilderten Weise erlebt.

SECHSTE MEDITATION

Der Meditierende versucht eine Vorstellung des «Ich-Leibes» oder «Gedanken-Leibes» zu bilden

Das Gefühl, außerhalb seines Sinnenleibes zu sein, hat man beim Erleben innerhalb des astralischen Leibes stärker als beim Erleben im elementarischen Leibe. Bei diesem fühlt man sich außer dem Gebiete, in welchem der Sinnenleib ist; aber man fühlt diesen mit. Im astralischen Leibe aber fühlt man den Sinnenleib selbst als etwas Äußeres. Beim Übergang in den elementarischen Leib empfindet man etwas wie eine Erweiterung der eigenen Wesenheit, beim Einleben in den astralischen Leib dagegen eine Art Überspringen in eine andre Wesenheit. Und in diese Wesenheit fühlt man eine geistige Welt von Wesenheiten hereinwirkend. Man empfindet sich in der einen oder andern Art verbunden, oder auch verwandt mit diesen Wesenheiten. Und man lernt allmählich erkennen, wie diese Wesenheiten selbst zueinander stehen. Es erweitert sich für das menschliche Bewußtsein die Welt nach dem Geiste hin. Der Mensch schaut geistige Wesenheiten, welche zum Beispiele bewirken, daß die aufeinanderfolgenden Epochen der Menschheitsentwickelung in ihrem Charakter wirklich von Wesenheiten bestimmt werden. Es sind dies die Zeitgeister, oder Urkräfte. Andre Wesen lernt man kennen, deren Dasein seelisch so verläuft, daß ihre Gedanken zugleich wirksame Naturkräfte sind. Man kommt dazu, anzuerkennen, daß es nur für das sinnliche Wahrnehmen mit den Naturkräften so bestellt erscheint, wie eben dieses sinnliche Wahrnehmen glaubt. Daß vielmehr in Wirklichkeit überall da, wo eine Naturkraft wirkt, sich ein Gedanke einer Wesenheit auslebt, wie in der Bewegung der Hand eine menschliche Seele sich auslebt. – Dies alles ist nicht etwa so, daß der Mensch durch irgendeine Theorie sich zu den Naturvorgängen hinter diesen stehende Wesenheiten hinzudenkt; der im astralischen Leibe sich Erlebende tritt zu diesen Wesenheiten in ein so begrifffreies, konkretes Verhältnis, wie der Mensch in der Sinnenwelt zu andern individuellen Menschen tritt. – Man kann innerhalb der Wesenheiten, in deren Gebiet man auf diese Art eintritt, eine Stufenreihe unterscheiden und von einer Welt von höheren Hierarchien sprechen. Die Wesenheiten, deren Gedanken dem sinnlichen

Wahrnehmen als Naturkräfte sich offenbaren, kann man Geister der Form nennen.

Das Erleben in dieser Welt bedingt, daß man sein Wesen innerhalb der Sinnenwelt so als Äußeres empfindet, wie man im Sinnensein eine Pflanze als äußeres Wesen anschaut. – Man wird diese Art, außerhalb dessen zu sein, was man im gewöhnlichen Leben als den ganzen Umfang der eigenen Wesenheit empfinden *muß,* so lange als höchst schmerzvoll empfinden, als nicht ein anderes Erleben hinzutritt. Bei einem energischen inneren seelischen Arbeiten, das zur rechten Verdichtung und Verstärkung des Seelenlebens führt, ist nicht notwendig, daß gerade dieser Schmerz in besonders starkem Maße auftritt. Denn es kann ein langsames Hineintreten in das andre Erleben zugleich mit dem Einleben in den astralischen Leib sich einstellen.

Dieses andre Erleben wird darinnen bestehen, daß man alles, was in und an der eignen Seele vorher war, als eine Art Erinnerung empfinden kann, und daß man also zu seinem Ich, wie es vorher war, sich so verhält, wie man sich in der Sinnenwelt zu Erinnerungen verhält. Erst durch ein solches Erleben erringt man das volle Bewußtsein, daß man wahrhaftig selbst, in einer ganz andren Welt, als die Sinnenwelt ist, mit seiner eigenen Wesenheit darinnen lebt. Man hat nunmehr ein Wissen davon, daß man das bisherige «Ich» als etwas anderes, als man eigentlich ist, an sich trägt. Man kann sich nun selbst sich gegenüberstellen. Und man erhält eine Vorstellung von dem, was der eignen Seele jetzt gegenübersteht, und wovon sie vorher gesagt hat: das bin ich selbst. Jetzt sagt sie nicht mehr, das bin ich selbst, sondern, das trage ich als etwas an mir. Wie sich das Ich im gewöhnlichen Leben als selbständig gegenüber seinen Erinnerungen fühlt, so fühlt sich das nunmehr errungene Ich gegenüber dem frühern Ich selbständig. Es fühlt sich der Welt rein geistiger Wesenheiten angehörig. Und so, wie sich diese Erfahrung – und zwar diese und wieder nicht eine Theorie – gibt, erkennt man, was das eigentlich ist, was man bisher als seine Ichwesenheit angesehen hat. Es stellt sich dar wie ein Gewebe aus Erinnerungsvorstellungen, die so von dem Sinnenleib, von dem elementarischen und astralischen Leibe bewirkt werden wie ein Spiegelbild durch einen Spiegel. So wenig sich ein Mensch für *eins* hält mit seinem Spiegelbild, so wenig hält sich die Seele, welche sich in der geistigen Welt erlebt, für *eines* mit dem, was sie von sich in der Sinnenwelt erlebt. Der Vergleich mit dem Spiegelbild kann naturgemäß nur als ein Vergleich genommen werden, Denn das Spiegelbild hört auf, wenn der Mensch seine Lage zum Spiegel entsprechend ändert. Das Gewebe, das wie aus Erinnerungsvorstellungen gewoben ist und darstellt, was man in der Sinnenwelt für sein eigenes Wesen ansieht, hat eine größere Selbständigkeit als ein Spiegelbild. Es hat auf seine Art eine Wesenheit für sich. Und doch ist es dem wahrhaften Seelensein gegenüber wie ein Bild der eigenen Wesenheit. Das wahrhafte Seelensein empfindet, daß es dieses Bild zu seiner Selbstoffenbarung nötig hat. Es weiß, daß es etwas andres ist, daß es aber nie dazu gelangt wäre, von sich wirklich etwas zu wissen, wenn es sich nicht zuerst als sein eigenes Abbild in jener Welt erfaßt hätte, die ihm nach seinem Aufstieg in die geistige Welt eine Außenwelt geworden ist.

Das Gewebe von Erinnerungsvorstellungen, das man nunmehr als sein früheres «Ich» anschaut, kann man den *«Ich-Leib»* oder auch *«Gedankenleib»* nennen. Das Wort «Leib» muß in einem solchen Zusammenhange in einem erweiterten Sinne dem gegenüber genommen werden, was man sonst gewohnt ist, einen «Leib» zu nennen. «Leib» bedeutet hier eben alles, was man an sich erlebt, und von dem man nicht sagt, man ist es, sondern man hat es an sich.

Erst wenn das hellsichtige Bewußtsein dahin gelangt ist, dasjenige, was es bisher als sich selbst bezeichnet hat, wie eine Summe von Erinnerungsvorstellungen zu erleben, kann es eine Erfahrung von dem im wahrhaften Sinne gewinnen, was sich hinter der Erscheinung des Todes verbirgt. Denn es ist jetzt an die Wesenheit einer wahrhaft wirklichen Welt herangelangt, in welcher es sich selber als ein Wesen erfühlt, das wie in einem Gedächtnisse festhalten kann, was im Sinnesdasein erlebt wird. Dieses im Sinnensein Erlebte bedarf, um sein Dasein weiter zu leben, einer Wesenheit, von welcher es so festgehalten werden kann, wie die Erinnerungsvorstellungen im Sinnensein von dem gewöhnlichen Ich festgehalten werden. Die übersinnliche Erkenntnis offenbart, daß der Mensch innerhalb der Welt geistiger Wesenheiten ein Dasein hat, und daß er es selbst ist, der sein Sinnendasein innerhalb seiner wie eine Erinnerung aufbewahrt. Die Frage, was kann nach dem Tode alles das sein, was ich jetzt bin, beantwortet sich für die hellseherische Forschung so: du wirst sein, was du von dir selbst bewahrst kraft deines Daseins als ein Geistwesen unter andern Geistwesen.

Man erkennt die Natur dieser Geistwesen und innerhalb derselben seine eigene. Und diese Erkenntnis ist unmittelbares Erleben. Man weiß durch dasselbe, daß die Geistwesen und mit ihnen auch die eigne Seele ein Dasein haben, für welches das Sinnensein eine vorübergehende Offenbarung ist. – Zeigt sich für das gewöhnliche Bewußtsein – im Sinne der ersten Meditation –, daß der Leib einer Welt angehört, deren wahrer Anteil an ihm sich in seiner Auflösung nach dem Tode offenbart, so zeigt die hellseherische Beobachtung, daß das menschliche Ichwesen einer Welt angehört, an welche sie durch ganz andere Bande gebunden ist, als der Leib an die Naturgesetze. Die Bande, mit denen das Ichwesen an die Geistwesen der übersinnlichen Welt gebunden ist, werden von Geburt und Tod in ihrer innersten Wesenheit nicht berührt. Im sinnlichen Leibesleben offenbaren sich diese Bande nur in einer besonderen Art. Was in diesem Leben erscheint, ist der Ausdruck für Zusammenhänge, welche übersinnlicher Art sind. Da nun der Mensch als solcher ein übersinnliches Wesen ist – und für die übersinnliche Beobachtung auch als solches erscheint, so ist auch im Übersinnlichen der Zusammenhang von Menschenseele zu Menschenseele nicht durch den Tod beeinträchtigt. Und was der Seele als bange Frage vor das gewöhnliche Bewußtsein in der primitiven Form tritt: werde ich diejenigen, welche ich im Sinnesleben mit mir verbunden gewußt habe, nach dem Tode wiederschauen, muß von der wirklichen Forschung, die auf diesem Gebiete zu einem Erfahrungsurteil berechtigt ist, mit einem entschiedenen «Ja» beantwortet werden.

Alles, was hier für das Erleben des Seelenwesens als geistige Wirklichkeit innerhalb der Welt anderer Geistwesen gesagt worden ist, kann durch die schon oft erwähnte Verstärkung des Seelenlebens geschaut werden. Man kann aber noch durch besondere Empfindungen, welche man ausbildet, diesem Erleben eine Hilfe zuführen. – Im gewöhnlichen Erleben innerhalb der Sinnenwelt stellt man sich zu dem, was man als sein Schicksal empfindet, so, daß man das eine als sympathisch, das andre als antipathisch empfindet. Eine Selbstbesinnung, welche sich selbst gegenüber ganz unbefangen sein kann, wird sich gestehen müssen, daß die hier in Betracht kommenden Sympathien und Antipathien zu den stärksten gehören, welche der Mensch empfinden kann. Eine gewöhnliche Überlegung etwa von der Art, daß doch alles notwendig sei im Leben, daß man sein Schicksal ertragen müsse, kann zwar sehr weit führen für eine gelassene Lebensstimmung. Um aber für ein Erfassen des wahren Menschenwesens etwas zu erzielen, ist noch mehr notwendig. Die gekennzeichnete Überlegung wird dem Seelenleben die besten Dienste leisten; doch wird man oft bemerken können, daß dasjenige, was man an Sympathien und Antipathien in der angegebenen Richtung abgestreift hat, nur verschwunden ist für das unmittelbare Bewußtsein. Es hat sich in die tieferen Gründe des Menschenwesens zurückgezogen und lebt sich aus als Seelenstimmung, oder auch als Abspannungs- oder sonstige Gefühle des Leibes. Wahre Gleichmütigkeit gegenüber dem Schicksale erlangt man nur, wenn man auf diesem Felde sich genau so verhält wie mit dem wiederholten, verstärkten Hingeben an Gedanken oder Empfindungen zur Seelenverstärkung im allgemeinen. Es genügt nicht die Überlegung, welche es bis zur Verstandeseinsicht bringt, sondern es bedarf eines intensiven Zusammenlebens mit solcher Überlegung, eines durch Zeiten dauernden Festhaltens derselben in der Seele mit gleichzeitigem Entfernthalten der Sinneserlebnisse und der übrigen Lebenserinnerungen. Durch solche Übung kommt man zu einer gewissen Grund-Seelenstimmung gegenüber seinem Lebensschicksal. Man kann gründlich aus sich heraustreiben die Antipathien und Sympathien auf diesem Gebiete und kann zuletzt alles, was dem Menschen geschieht, an ihn herankommen sehen, wie man als völlig äußerer Beobachter einen Wasserstrahl über einen Felsen fallen und unten aufschlagen sieht. Es ist damit nicht gesagt, daß man auf solche Art dazu gelangen solle, gefühllos seinem Schicksale gegenüberzustehen. Wer dazu kommt, mit Gleichgültigkeit auf alles zu sehen, was mit ihm geschieht, der ist ganz gewiß auf keinem gedeihlichen Wege. Man steht aber doch nicht anteilslos der Außenwelt gegenüber in bezug auf dasjenige, was die eigene Seele nicht schicksalsmäßig berührt. Man sieht, was vor den Augen sich abspielt, mit Freude oder mit Abneigung. Nicht Anteilslosigkeit am Leben soll der nach übersinnlicher Erkenntnis Strebende suchen, sondern Umwandlung des Anteils, welchen das «Ich» in bezug auf alles zunächst hat, was es schicksalsmäßig berührt. Es kann durchaus vorkommen, daß durch diese

Umwandlung die Lebhaftigkeit des Gefühlslebens sogar verstärkt, nicht abgeschwächt wird. Im gewöhnlichen Leben pressen sich über manches die Tränen in die Augen, was die eigne Seele betrifft in schicksalsmäßiger Art. Man kann sich aber auch zu dem Gesichtspunkt durchringen, daß man das gleiche lebhafte Gefühl seinem eigenen Mißgeschick gegenüber hat, das man empfindet, wenn dasselbe einen andern Menschen trifft. Es gelangt der Mensch leichter zu einer solchen Art des Erlebens in bezug auf die Vorfälle, die ihn schicksalsmäßig treffen, als zum Beispiele in bezug auf die eigenen Fähigkeiten. Der Gedanke ist denn doch nicht so leicht erreichbar, der sich ebenso in Freude auslebt, wenn ein anderer eine Fähigkeit hat, als wenn man diese selbst besitzt. Wenn Selbstbesinnung vorzudringen sucht bis in die tiefsten Seelengründe, so kann da manches entdeckt werden an selbstischer Freude über so manches, was man selbst kann. Ein intensives, wiederholtes (meditatives) Zusammenleben mit dem Gedanken, daß es in vieler Beziehung für den Gang des Menschenlebens doch gleich ist, ob man selbst, oder ob ein andrer etwas kann, vermag weit zu führen in bezug auf wahre Gelassenheit gegenüber dem, was man als innerstes Lebensschicksal empfindet. – Es kann solche innere gedankenkräftige Verstärkung des Seelenlebens, wenn sie richtig angestellt wird, nur *nie* dazu führen, daß man das Gefühl für seine Fähigkeiten bloß abstumpft: man verwandelt es vielmehr. Man empfindet die Notwendigkeit, sich diesen Fähigkeiten entsprechend zu verhalten.

Und damit ist schon hingedeutet auf die Richtung, welche eine solche gedankenkräftige Verstärkung des Seelenlebens nimmt. Man lernt in sich etwas erkennen, was der Seele im eigenen Innern als ein zweites Wesen erscheint. Besonders offenbart sich dies, wenn man damit die Gedanken verbindet, welche zeigen, wie man im gewöhnlichen Leben dies oder jenes im Schicksal herbeiführt. Man kann doch wahrnehmen, dieses oder jenes wäre mit dir nicht geschehen, wenn du selbst in einer früheren Zeit nicht dich in einer gewissen Art verhalten hättest. Was dem Menschen heute geschieht, ergibt sich ja vielfach aus dem, was er gestern getan hat. Man kann nun mit dem Ziele, sein Seelenerleben weiter zu führen, als es in einem gewissen Zeitpunkt ist, einen Rückblick anstellen in das bisherige Erleben. Man kann dabei alles aufsuchen, welches zeigt, wie man spätere Schicksalsvorfälle vorher selbst vorbereitet hat. Man kann versuchen, mit einem solchen Rückblick auf das Leben bis zu jenem Zeitpunkte zu kommen, in welchem beim Kinde das Bewußtsein so erwacht, daß es sich im späteren Leben an das erinnert, was es erlebt hat. Stellt man einen solchen Rückblick so an, daß man mit ihm die Seelenstimmung verbindet, welche die gewöhnlichen selbstischen Sympathien und Antipathien mit schicksalsmäßigen Vorfällen ausschaltet, so steht man, wenn man erinnerungsmäßig den bezeichneten Zeitpunkt des Kindeslebens erreicht, sich so gegenüber, daß man sich sagt: da hat wohl die Möglichkeit erst begonnen, daß du dich in dir fühlst und an deinem Seelenleben bewußt arbeitest; dieses dein «Ich» war aber auch vorher da, es hat zwar nicht wissend in dir gearbeitet, aber dich sogar zu deiner Wissensfähigkeit wie zu allem andern, wovon du weißt, erst gebracht. Was keine verstandesmäßige Überlegung erkennen kann, das führt die geschilderte Stellung zu dem eignen Lebensschicksale herbei. Man lernt auf die Schicksalsvorfälle blicken; mit Gelassenheit; man sieht sie unbefangen an sich herantreten; aber man erschaut sich selbst in der Wesenheit, welche diese Vorfälle heranbringt. Und wenn man sich in solcher Art schaut, so stellen sich der Seele die Bedingungen des eignen Schicksals, die schon mit der Geburt gegeben sind, verbunden mit dem eigenen Selbst dar. Man ringt sich durch, zu sagen, wie du an dir gearbeitet hast in der Zeit, nachdem dein Bewußtsein erwacht ist, so hast du auch schon an dir gearbeitet, bevor dein gegenwärtiges Bewußtsein erwacht ist. Ein solches Sich-Hindurcharbeiten zu einem übergeordneten Ichwesen in dem gewöhnlichen Ich führt nicht nur dazu, sich sagen zu können, mein Gedanke bringt mich dazu, ein solches übergeordnetes Ich theoretisch zu ersinnen, sondern es führt dazu, das lebendige Wesen dieses «Ich» in seiner Wirklichkeit als Macht in sich zu erfühlen, und das gewöhnliche Ich als ein Geschöpf dieses Anderen in sich zu empfinden. Dieses Fühlen ist ein wahrhafter Anfang des Schauens der Geistwesenheit der Seele. Und wenn es zu nichts führt, so liegt das nur daran, daß man es beim Anfang bewenden läßt. Dieser Anfang kann ein kaum bemerkbares, dumpfes Empfinden sein. Er wird dies vielleicht lange bleiben. Doch wenn man stark und kräftig das weiter verfolgt, was zu diesem Anfang geführt hat, bringt man es zuletzt zum Schauen der Seele als Geistwesenheit. Und wer es zu diesem Schauen gebracht hat, der findet es ganz begreiflich, wenn jemand, der keine Erfahrung auf diesem Gebiete sich verschafft hat, sagt, derjenige, der solches zu schauen glaubt, habe sich nur durch seelisches Gebaren zur Einbildung – Autosuggestion – des übergeordneten Ich gebracht. Doch weiß der mit solchem Schauen Ausgerüstete auch, daß ein so gearteter Einwand nur von diesem Fehlen der Erfahrung herrühren kann. Denn wer im Ernste das Geschilderte durchmacht, der eignet sich zugleich auch die Fähigkeit an, seine Einbildungen von Wirklichkeiten unterscheiden zu können. Die inneren Erlebnisse und Betätigungen, die auf solcher Seelenwanderschaft notwendig sind, wenn sie eine richtige sein soll, führen dazu, gegen sich selbst in bezug auf Einbildung und Wirklichkeit die strengste Vorsicht anzuwenden. Man wird, wenn zielvoll angestrebt wird, in dem übergeordneten «Ich» sich als Geistwesen zu erleben, das Haupterlebnis in demjenigen sehen, was zu Anfang dieser Meditation charakterisiert ist, und das an zweiter Stelle Angeführte als eine Hilfe der Seelenwanderschaft anerkennen.

SIEBENTE MEDITATION

Der Meditierende versucht Vorstellungen zu bilden über die Art des Erlebens in übersinnlichen Welten

Die Erlebnisse, welche sich für die Seele als notwendig zeigten, wenn sie in die übersinnlichen Welten vordringen will, können abschreckend für manchen Menschen erscheinen. Ein solcher kann sich sagen, er wisse nicht, was sich für ihn ergebe, wenn er sich in diese Vorgänge wagt, und wie er sie ertragen werde. Unter dem Einflusse einer solchen Empfindung entsteht auch leicht der Gedanke, es sei besser, nicht künstlich einzugreifen in den Entwicklungsgang der Seele, sondern sich ruhig der unbewußt bleibenden Führung zu überlassen und abzuwarten, wohin diese im Laufe der Zukunft das Menschen-Innere bringen werde. Einen solchen Gedanken wird jedoch derjenige immer zurückdrängen müssen, der in sich den andren recht beleben kann, daß es im Menschenwesen naturgemäß liegt, sich selbst vorwärts zu bringen, und daß es bedeuten würde, Kräfte, die in der Seele ihrer Entfaltung harren, pflichtwidrig verdorren lassen, wenn man sich um sie nicht bekümmerte. Die Kräfte der Selbstentwickelung liegen in jeder Menschenseele; und es kann keine einzige geben, welche die Stimme nach Entfaltung dieser Kräfte nicht hören wollte, wenn sie von ihr und ihrer Bedeutung in irgendeiner Art etwas zu erfahren vermag.

Es wird sich auch niemand von dem Aufstieg in die höhern Welten abhalten lassen, wenn er sich zu den Vorgängen, welche er durchzumachen hat, nicht von vorneherein in ein unrichtiges Verhältnis bringt. Diese Vorgänge sind so, wie sie sich – in den vorangegangenen Meditationen – darstellten. Und wenn man sie durch Worte ausdrückt, die ja nur dem gewöhnlichen Menschenleben entnommen sein können, dann können sie nur in dieser Art richtig ausgedrückt werden. Denn Erlebnisse des übersinnlichen Erkenntnisweges stellen sich eben zur menschlichen Seele so, daß sie ganz gleich dem sind, was zum Beispiele ein hochgesteigertes Einsamkeitsgefühl, ein Sich-Fühlen wie über einem Bodenlosen schwebend, und dergleichen für die Menschenseele bedeuten kann. In dem Erleben solcher Empfindungen erzeugen sich die Kräfte zum Erkenntnisweg. Sie sind die Keime für die Früchte der übersinnlichen Erkenntnis. Es tragen gewissermaßen alle diese Erlebnisse etwas in sich, das in ihnen tief verborgen liegt. Wenn sie dann durchlebt werden, so wird dieses Verborgene zur vollsten Spannung gebracht; es sprengt etwas das Einsamkeitsgefühl, das wie eine Hülle um dieses «Etwas» ist, und dringt hervor im Seelenleben als ein Mittel der Erkenntnis.

Man muß aber in Betracht ziehen, daß, wenn der rechte Weg eingeschlagen wird, hinter jedem solchen Erlebnis sich sogleich ein anderes einstellt. Es geschieht das so, daß, wenn das eine da ist, das andre nicht ausbleiben kann. Zu dem, was man zu ertragen hat, kommt sogleich die Kraft hinzu, das Vorkommnis wirklich zu ertragen, wenn man nur auf diese Kraft in Ruhe sich besinnen will, und sich die Zeit läßt, um dasjenige auch zu bemerken, was sich in der Seele offenbaren will. Wenn sich ein Peinigendes einstellt, und zugleich das sichere Gefühl in der Seele lebt, daß es Kräfte gibt, welche die Pein ertragen lassen, und mit denen man sich verbinden kann, dann kommt es dahin, daß man sich zu den Erlebnissen, die unerträglich wären, wenn sie im Folgelauf des gewöhnlichen Lebens sich einstellten, in solcher Art verhält, wie wenn man bei allem so Erlebten sein eigener Zuschauer wäre. Dies macht, daß Menschen, welche auf dem Wege zur übersinnlichen Erkenntnis sind, in ihrem Innern das Auf- und Abwogen mancher Gefühlswogen durchleben, und doch in völligem Gleichmut innerhalb des Sinnenlebens sich zeigen. – Es ist ja durchaus die Möglichkeit vorhanden, daß Erlebnisse, welche im Inrern sich vollziehen, auch der Stimmung des äußeren Lebens in der Sinnenwelt sich mitteilen, so daß man dann mit dem Leben und mit sich selbst zeitweilig nicht so zustande kommt, wie man es in dem Leben konnte, das vor dem Erkenntniswege liegt. Man ist dann darauf angewiesen, aus dem, was man sich im Innern bereits errungen hat, die Kräfte zu holen, die bewirken, daß man wieder zurechtkommt. Und es kann keine Lage auf dem rechtmäßig beschrittenen Erkenntniswege geben, in welcher dies nicht möglich wäre.

Der beste Erkenntnisweg wird immer der sein, welcher zur übersinnlichen Welt durch die Verstärkung oder Verdichtung des Seelenlebens mittels innerer Versenkung gedankenkräftig oder empfindungskräftig führt. Es kommt dabei nicht darauf an, den Gedanken oder die Empfindung so zu erleben, wie man dies tut, um sich innerhalb der Sinneswelt zurechtzufinden, sondern darauf, daß man intensiv *mit* und *in* dem Gedanken oder der Empfindung lebt und alle seine Seelenkräfte in sie zusammenzieht. Sie sollen für die Zeit der inneren Versenkung das Bewußtsein ganz allein ausfüllen. Man denke zum Beispiel an einen Gedanken, welcher der Seele irgendeine Überzeugung gebracht hat; man lasse zunächst aus dem Spiele, was er an Überzeugungswert hat und lebe immer wieder mit ihm, so daß man mit ihm ganz *eins* werde. Es bedarf durchaus nicht eines Gedankens, welcher sich auf die Dinge der höhern Weltordnung bezieht, obwohl ein solcher im erhöhten Maße brauchbar ist. Es kann zur inneren Versenkung auch ein Gedanke genommen werden, welcher ein gewöhnliches Erlebnis abbildet. Fruchtbar sind Empfindungen, welche Vorsätze zum Beispiel in bezug auf Liebestaten darstellen, und die man in sich zum menschlich wärmsten und aufrichtigsten Erleben entzündet. Wirksam, wenn es sich vor allem um Erkenntnis handelt, sind aber sinnbildliche Vorstellungen, welche am Leben gewonnen werden, oder welchen man sich hingibt auf den Rat solcher Menschen, die gewissermaßen auf diesem Gebiet sachverständig sind, weil sie die Fruchtbarkeit der angewendeten Mittel kennen aus dem, was sich für sie selbst durch dieselben ergeben hat.

Durch solche Versenkung, die zu einer Lebensgewohnheit, ja Lebensbedingung werden muß, wie das Atmen eine Bedingung des Leibeslebens ist, wird man die Kräfte der Seele zusammenziehen und im Zusammenziehen verstärken. Es muß nur gelingen, sich für die Zeiten der inneren Versenkung ganz so zu halten, daß keine äußeren Sinneseindrücke und auch keine Erinnerungen an solche in das Seelenleben hereinspielen. Auch die Erinnerungen an alles, was man im gewöhnlichen Leben erfahren hat, was der Seele Freude oder Schmerz macht, muß schweigen, so daß diese ganz allein demjenigen hingegeben ist, *wovon man selbst will,* daß es in ihr sei. Die Kräfte zur übersinnlichen Erkenntnis erwachsen *nur* aus dem in rechter Art, was man sich so errungen hat durch innere Versenkungen, deren Inhalt und Form man durch Aufwendung eigener Seelenmacht herbeigeführt hat. Nicht darauf kommt es an, woher man den Inhalt der Versenkung hat; man kann ihn von einem auf dem Gebiete Sachverständigen haben, oder auch aus der geisteswissenschaftlichen Literatur; man muß ihn nur selbst zum inneren Erleben machen und sich nicht zur Versenkung von dem nur bestimmen lassen wollen, was der eigenen Seele entstammt, was man selbst für den besten Versenkungsinhalt hält. Ein solcher hat deshalb geringe Kraft, weil sich die Seele von vorneherein ihm verwandt fühlt und so nicht die nötigen Anstrengungen machen kann, um mit ihm erst *eins* zu werden. *In dieser Anstrengung* liegt aber das Wirksame für die übersinnlichen Erkenntniskräfte, nicht in dem Einssein mit dem Inhalt der Versenkung als solcher.

Man kann zu übersinnlichem Schauen auch auf andre Art gelangen. Es können Menschen durch ihre ganze Veranlagung zu innerer Vertiefung, zu inbrünstigem Erleben kommen. Dadurch können sich übersinnliche Erkenntniskräfte in ihrer Seele loslösen. Es können sich solche Kräfte oft wie plötzlich in Seelen ergeben, von denen es scheinen könnte, als ob sie zu derartigem Erleben durchaus nicht vorherbestimmt seien. Auf die mannigfaltigste Art kann übersinnliches Seelenleben eintreten; doch zu einem Erleben, das sich beherrscht, wie der Mensch sich beherrscht in seinem gewöhnlichen Sinnessein, kann es nur kommen, wenn der geschilderte Erkenntnisweg beschritten wird. Jedes andre Hereinbrechen der übersinnlichen Welt in die Seelenerlebnisse wird dazu führen, daß sie sich wie durch Zwang einstellen und der Mensch an sie sich verliert, oder daß er sich über ihren Wert, über ihre wahre Bedeutung innerhalb der wirklichen übersinnlichen Welt allen möglichen Täuschungen hingibt.

Man muß sich durchaus vor Augen halten, daß sich die Seele auf dem übersinnlichen Erkenntniswege wandelt. Es kann vorkommen, daß man für das Leben im Sinnensein durchaus nicht so veranlagt ist, sich allen möglichen Täuschungen und Illusionen hinzugeben; daß man aber, sobald man die übersinnliche Welt betritt, in der leichtgläubigsten Weise sich solchen Täuschungen oder Illusionen hingibt. Auch das kann sich ereignen, daß man im Sinnensein ganz guten gesunden Wahrheitssinn hat, der sich sagt: du darfst nicht dasjenige über eine Sache oder einen Vorgang glauben, was nur deinen Selbstsinn befriedigt; und trotzdem dies der Fall ist, kann eine solche Seele dazu kommen, in der übersinnlichen Welt dasjenige zu schauen, was diesem Selbstsinn angemessen ist. Man muß bedenken, wie dieser Selbstsinn an dem beteiligt ist, was man erschaut. Man schaut dasjenige, worauf sich dieser Selbstsinn nach seiner Neigung richtet. Man weiß nicht, daß er es ist, welcher den geistigen Blick lenkt. Und es ist dann ganz selbstverständlich, daß man das Geschaute für Wahrheit hinnimmt. Schutz kann da nur gewähren, daß man sich durch gute Selbstbesinnung, durch den energischen Willen zur Selbsterkenntnis auf dem übersinnlichen Erkenntniswege stets mehr und mehr bereit macht, wirklich an der eigenen Seele zu bemerken, wieviel von Selbstsinn vorhanden ist, und wo er spricht. Dann wird man, wenn man sich die Möglichkeit der eignen Seele, da oder dort dem Selbstsinn zu verfallen, in innerer Versenkung schonungslos und energisch vorführt, allmählich loskommen von der Führung des Selbstsinnes.

Zu wahrer ungehinderter Beweglichkeit der Seele in den höheren Welten gehört es, daß sich diese eine Anschauung aneigne, wie anders gewisse seelische Eigenschaften der geistigen Welt gegenüberstehen als der sinnlichen. Es tritt dies besonders deutlich zutage, wenn der Blick auf die moralischen Seeleneigenschaften gelenkt wird. Innerhalb des Sinnenseins sind zu unterscheiden die Naturgesetze und die moralischen Gesetze. Man kann, wenn man sich den Verlauf von Naturvorgängen erklären will, sich nicht an moralische Vorstellungen halten. Eine Giftpflanze erklärt man nach Naturgesetzen und verurteilt nicht moralisch, daß sie giftig ist. Man wird sich selbst darüber klar sein, daß man für die Tierwelt höchstens von Anklängen an das Moralische sprechen kann, daß aber eine im echten Sinne moralische Beurteilung nur eine Störung dessen bewirkte, was wahrhaft in Betracht kommt. In den Zusammenhängen des menschlichen Lebens beginnt die moralische Beurteilung über den *Wert* des Daseins die Bedeutung zu haben. Sie ist etwas, wovon der Mensch selbst stets seinen Wert abhängig macht, wenn er dazu gelangt, über sich unbefangen zu urteilen. Niemand kann es aber bei richtiger Betrachtung des Sinnenseins einfallen, die Naturgesetze als etwas den Moralgesetzen Gleiches, ja auch nur Ähnliches anzusehen.

Sobald man die höheren Welten betritt, wird das anders. Je geistiger die Welten sind, welche man betritt, desto mehr fallen Moralgesetze und das, was man für diese Welten Naturgesetze nennen kann, zusammen. Im Sinnensein ist man sich dessen bewußt, daß man für dieses Sein im uneigentlichen Sinne spricht, wenn man von einer bösen Tat sagt, sie brenne in der Seele.

Man weiß, daß das natürliche Brennen etwas ganz anderes ist. Eine ähnliche Scheidung besteht für die übersinnlichen Welten nicht. Haß oder Neid sind da zugleich Kräfte, welche so wirken, daß man die entsprechenden Wirkungen als die Naturvorgänge dieser Welten bezeichnen kann. Haß oder Neid bewirken da, daß das gehaßte oder beneidete Wesen auf den Hasser oder Neider wie verzehrend, auslöschend wirkt, so daß sich Zerstörungsprozesse bilden, die dem geistigen Wesen nachteilig sind. Liebe wirkt in den geistigen Welten so, daß man die Wirkung wie Wärmeausstrahlung, die hervorbringend, fördernd ist, ansprechen muß. – Schon am menschlichen elementarischen Leibe kann dies bemerkt werden. Innerhalb der Sinnenwelt muß die Hand, welche eine unmoralische Tat verrichtet, in ihrer Verrichtung nach Naturgesetzen genau so erklärt werden wie diejenige, welche dem moralischen Handeln dient. Gewisse elementarische Teile des Menschen bleiben aber unentwickelt, wenn ihnen entsprechende moralische Empfindungen nicht vorhanden sind. Und man hat unvollkommene Ausbildungen von elementarischen Organen auf moralische Eigenschaften zurückzuführen ganz in solcher Art, wie man nach Naturgesetzen im Sinnensein Naturvorgänge durch Naturgesetze erklärt. Man darf nur niemals etwa von der unvollkommenen Entwickelung eines sinnlichen Organs auf die unvollkommene Entfaltung des entsprechenden Teiles im elementarischen Leibe schließen. Dessen muß man sich immer bewußt sein, daß für die verschiedenen Welten auch ganz verschiedene Arten von Gesetzmäßigkeit gelten. Ein Mensch kann ein physisches Organ unvollkommen ausgebildet haben; das entsprechende elementarische Organ kann dabei nicht etwa bloß normal vollkommen sein, sondern es kann sogar in dem Maße vollkommen sein, als das physische unvollkommen ist.

Bedeutsam tritt der Unterschied der übersinnlichen Welten von der sinnlichen auch bei allem auf, was mit den Vorstellungen des «Schönen» und «Häßlichen» zusammenhängt. Die Art, wie man diese Begriffe im Sinnensein anwendet, verliert alle Bedeutung, sobald man die übersinnlichen Welten betritt. Ein «Schönes» kann da nur, wenn man sich auf die Bedeutung des Wortes im Sinnensein besinnt, ein solches Wesen genannt werden, dem es gelingt, alles, was es *in sich* erlebt, auch den andern Wesen seiner Welt zu offenbaren, so daß diese andern

Wesen an seinem ganzen Erleben teilnehmen können. Die Fähigkeit, sich ganz mit allem, was im Innern ist, zu offenbaren und nichts in sich verborgen halten zu müssen, könnte als «schön» in den höheren Welten bezeichnet werden. Und es fällt da dieser Begriff völlig zusammen mit dem von rückhaltloser Aufrichtigkeit, von ehrlichem Darleben dessen, was ein Wesen in sich trägt. «Häßlich» könnte das genannt werden, was den innern Inhalt, den es hat, nicht in der äußern Erscheinung offenbaren will, was das eigne Erleben in sich zurückhält und für andre Wesen sich in bezug auf gewisse Eigenschaften verbirgt. Es entzieht sich ein solches Wesen seiner geistigen Umgebung. Es fällt dieser Begriff zusammen mit dem von unaufrichtigem Sich-Offenbaren. Lügen und Häßlichsein ist in der geistigen Welt *als Wirklichkeit* dasselbe, so daß ein häßlich auftretendes Wesen ein lügnerisches ist.

Auch das, was man im Sinnensein als Begierden, Wünsche erkennt, tritt mit ganz andrer Bedeutung in der geistigen Welt auf. Solche Begierden, welche aus der inneren Natur der Menschenseele in der Sinnenwelt entspringen, gibt es in der geistigen Welt nicht. Was man da Begierden nennen kann, entzündet sich an dem, was außer dem Wesen geschaut wird. Ein Wesen, das empfinden muß, es habe irgendeine Eigenschaft nicht, die es seiner Natur nach haben sollte, schaut ein andres Wesen, das diese Eigenschaft hat. Und es kann gar nicht anders, als beständig dieses andre Wesen vor sich zu haben. Wie in der Sinnenwelt naturgemäß das Auge Sichtbares sieht, so führt der Mangel einer Eigenschaft ein Wesen der übersinnlichen Welt stets in die Nähe eines entsprechenden andern Wesens, das die in Betracht kommende Vollkommenheit hat. Und der Anblick dieses Wesens wird ein immerwährender Vorwurf, der als wirkliche Kraft wirkt, so daß das Wesen, welches mit dem Fehler behaftet ist, durch den Anblick die Begierde hat, den Fehler an sich auszubessern. Es ist dies ein ganz andersartiges Erlebnis, als es eine Begierde im Sinnensein ist. – Das freie Wollen wird durch solche Verhältnisse in der geistigen Welt nicht beeinträchtigt. Ein Wesen kann sich wehren gegen das, was ein Anblick in ihm hervorrufen will. Dann wird es allmählich erreichen, daß es aus der Nähe des vorbildlichen Wesens hinwegkommt. Es wird jedoch die Folge davon sein, daß ein solches sein Vorbild abwehrendes Wesen sich selbst in Welten versetzt, in welchen es schlechtere Daseinsbedingungen hat, als die gewesen wären, die ihm gegeben waren in der Welt, für die es gewissermaßen vorbestimmt ist.

Dies alles zeigt der menschlichen Seele, daß mit dem Betreten der übersinnlichen Welten die Vorstellungswelt umgebildet werden muß. Es müssen Begriffe umgewandelt, erweitert, mit anderen verschmolzen werden, wenn man die übersinnliche Welt richtig beschreiben will. – Daher kommt es, daß Beschreibungen der übersinnlichen Welten, welche die für das Sinnensein geprägten Begriffe ohne weitere Veränderung gebrauchen wollen, immer etwas Unzutreffendes haben. – Man kann sich darauf besinnen, daß es aus einem richtigen menschlichen Gefühle hervorgeht, Begriffe, die für die übersinnlichen Welten erst ihre volle Bedeutung haben, innerhalb des Sinnenseins mehr oder weniger sinnbildlich, oder auch als wirklich die Sache bezeichnend, zu gebrauchen. So kann jemand das Lügnerische wirklich als häßlich empfinden. Gegenüber dem, wie es mit diesem Begriffe in der übersinnlichen Welt steht, ist aber ein solcher Wortgebrauch im Sinnensein doch nur ein Anklang, der sich ergibt, weil alle Welten Beziehungen zueinander haben, und diese Beziehungen dunkel gefühlt, unbewußt gedacht im Sinnensein werden. Doch muß berücksichtigt werden, daß im Sinnensein das Lügnerische, das man als häßlich *empfindet,* nicht häßlich zu sein braucht in seiner äußeren Erscheinung. Daß man sogar die Vorstellungen durcheinander werfen würde, wenn man ein Häßliches in der sinnlichen Natur aus einem Lügnerischen erklären wollte. Für die übersinnliche Welt ist es aber so, daß das Lügnerische, wenn es wahr gesehen wird, in seiner Offenbarung sich als häßlich aufdrängt. – Auch hier kommen wieder Täuschungen in Betracht, vor denen man sich zu hüten hat. Es kann der Seele in der übersinnlichen Welt ein Wesen entgegentreten, das mit Recht als böse bezeichnet werden muß, und welches doch in einem solchen Bilde sich offenbart, welches man «schön» nennt, wenn man die Vorstellung vom «Schönen» anwendet, welche man aus dem Sinnensein mitbringt. In einem solchen Falle wird man erst richtig schauen, wenn man bis zum Innengrunde des Wesens durchdringt. Dann wird man erleben, wie die «schöne» Offenbarung eine Maske ist, die nicht dem Wesen entspricht; und man wird dann das, was man nach Vorstellungen aus dem Sinnensein als «schön» empfinden wollte, mit besonderer Stärke als Häßlichkeit ansprechen. Und in dem Augenblicke, wo dies gelingt, ist das «böse» Wesen auch nicht mehr imstande, die «Schönheit» vorzutäuschen. Es muß sich für einen solchen Beschauer in seiner wahren Gestalt enthüllen, die ein unvollkommener Ausdruck dessen nur sein kann, was es im Innern ist. An solchen Erscheinungen der übersinnlichen Welt wird es besonders anschaulich, wie sich die menschlichen Vorstellungen beim Betreten dieser Welt wandeln müssen.

ACHTE MEDITATION

Der Meditierende versucht eine Vorstellung zu bilden von dem Schauen der wiederholten Erdenleben des Menschen

Von Gefahren der Seelenwanderschaft in die übersinnlichen Welten zu sprechen, ist nicht eigentlich berechtigt, wenn diese Wanderschaft eine sachgemäße ist. Eine solche würde ihr Ziel nicht erreichen, wenn unter ihren seelischen Verhaltungsmaßregeln etwas wäre, welches darauf hinausliefe, für den Menschen Gefahren herbeizuführen. Das Ziel ist vielmehr immer, die Seele stark zu machen, ihre Kräfte zusammenzuziehen, so daß der Mensch fähig werde, die seelischen Erlebnisse zu ertragen, die er durchmachen muß, wenn er andre Welten als das Sinnensein schauen und begreifen will.

Ein wesentlicher Unterschied der Sinnenwelt von den übersinnlichen Welten ergibt sich auch noch daraus, daß Schauen, Wahrnehmen und Begreifen bei den übersinnlichen Welten in einem andern Verhältnisse stehen als im Sinnensein. Wer von einem Teile der Sinnenwelt hört, wird mit einem gewissen Rechte das Gefühl haben, daß er zu einem völligen Begreifen doch nur durch die Anschauung, die Wahrnehmung gelangt. Eine Landschaft, ein Gemälde wird man erst verstanden glauben, wenn man sie gesehen hat. Die übersinnlichen Welten kann man vollkommen begreifen, wenn man durch die unbefangene Urteilskraft eine sachgemäße Beschreibung entgegennimmt. Zum Begreifen und zum Erleben aller lebensfördernden, lebensbefriedigenden Kräfte der geistigen Welten bedarf man bloß der Beschreibungen, welche von denjenigen gegeben werden, die schauen können. Wirkliche Erkenntnisse solcher Welten gewinnen können nur diejenigen, welche außerhalb des Sinnenleibes zu beobachten in der Lage sind. Beschreibungen der Geisteswelt müssen zuletzt immer ausgehen von Beobachtern derselben. Was aber zum Seelenleben an Erkenntnissen dieser Welten notwendig ist, das wird erreicht durch das Begreifen. Und es ist durchaus möglich, daß jemand gar keinen eigenen Einblick in die übersinnlichen Welten hat, und dennoch sie und ihre Eigentümlichkeiten vollkommen versteht; sie so versteht, wie die Seele dies unter gewissen Verhältnissen stets mit vollem Rechte verlangen wird und muß.

Deshalb ist auch möglich, daß jemand die Mittel seiner inneren Versenkung aus dem Schatze der Vorstellungen nimmt, welche er sich über die Geisteswelten angeeignet hat. Ein solcher Versenkungsstoff ist der allerbeste, ist derjenige, welcher am sichersten zum Ziele führt. Der Glaube entspricht nicht den Tatsachen, welcher nahe legt, daß es für das Aneignen des übersinnlichen Schauens hinderlich sei, vor dieser Aneignung durch Begreifen sich die Erkenntnisse dieser Welten erworben zu haben. Es ist vielmehr das Gegenteil richtig, nämlich, daß man sicherer und leichter zum Schauen mit dem vorangegangenen Begreifen kommt als ohne dasselbe. Ob es jemand beim Begreifen läßt oder das Schauen anstrebt, das hängt davon ab, ob der Drang nach der eigenen Beobachtung bei ihm schon aufgetreten ist oder nicht. Ist er eingetreten, dann kann er gar nicht anders als die Gelegenheit suchen, die Wanderschaft in die übersinnlichen Welten wirklich anzutreten. – Nach dem Verstehen dieser Welten werden aber von unseren Zeiten an immer mehr und mehr Menschen verlangen, denn eine wahre Lebensbeobachtung zeigt, daß von der Gegenwart an die Menschenseelen in einen solchen Zustand eintreten, daß sie ohne das Begreifen der übersinnlichen Welten mit dem Leben in das notwendige Verhältnis *nicht* kommen können.

* * *

Wenn der Mensch auf der Seelenwanderschaft soweit gelangt ist, daß er alles, was er «sich», was er seine Wesenheit in dem Sinnensein nennt, als Erinnerung in sich trägt, und sich in einem nunmehr errungenen übergeordneten «Ich» erlebt, dann wird er fähig, auch zum Schauen des Lebensverlaufes über das sinnliche Erdensein hinaus zu gelangen. Vor seinen geistigen Blick tritt die Tatsache, daß diesem Sinnensein ein andres Dasein seiner selbst in der Geisteswelt vorangegangen ist. Und daß in diesem geistigen Sein die wahren Ursachen liegen für die Gestaltung des Sinnenseins. Man lernt die Tatsache kennen, daß man *vor* diesem Sinnenleben, in das man eingetreten ist, als man einen sinnlichen Leib erhalten hat, schon rein geistig gelebt hat. – Wie man als Mensch jetzt ist, mit diesen oder jenen Fähigkeiten, diesen oder jenen Trieben, das sieht man vorbereitet in einem Dasein, welches man vorher in einer rein geistigen Welt verlebt hat. Man schaut sich an, als ein, seinem Eintritt in die Sinnenwelt vorangegangenes geistig lebendes Wesen, das angestrebt hat, mit den Fähigkeiten und Seeleneigentümlichkeiten als Sinnenwesen zu leben, die man an sich trägt und entwickelt hat seit der Geburt. Derjenige wäre im Irrtum befangen, der etwa sagen wollte, wie sollte ich Fähigkeiten und Triebe im Geistessein angestrebt haben, welche mir nun, da ich sie an mir trage, doch gar nicht gefallen. Es kommt nicht darauf an, ob der Seele im Sinnensein etwas gefällt oder nicht; sie hat für das Anstreben im Geistessein ganz andre Gesichtspunkte als nachher im Sinnensein. Die Art des Wissens und Wollens ist in beiden Welten eine durchaus verschiedene. Man weiß im Geistessein, daß man zu seiner Gesamtentwickelung ein Sinnesleben nötig hat, das der Seele dann vielleicht im Sinnensein unsympathisch oder bedrückend verläuft, und man strebt es doch an, weil man im Geistessein nicht auf das Sympathische und Angenehme, sondern auf dasjenige sieht, was zur rechten Entfaltung des Eigenseins notwendig ist.

In ähnlicher Art verhält es sich mit den Geschicken des Lebens. Man sieht dieselben und schaut, wie man sich das Sympathische und auch das Unsympathische im Geistessein zubereitet hat, wie man selbst die Mittel herbeigeführt hat, die verursachen, daß man dieses oder jenes Glückliche oder auch Schmerzvolle im Sinnensein durchmacht. Auch da kann der Mensch, solange er sich bloß im Sinnensein erlebt, es unbegreiflich finden, diese oder jene Lebenslage selbst herbeigeführt zu haben; im Geistessein hat er aber das gehabt, was man eine übersinnliche Einsicht nennen kann, dahingehend, daß er sich sagte, du mußt das Schmerzvolle oder Unsympathische durchmachen, denn nur solches Erleben bringt dich in deiner Gesamtentwickelung um eine Stufe weiter. Aus der bloßen Beurteilung aus dem Sinnensein heraus kann man nie erkennen, inwiefern ein Erdenleben den Menschen in seiner Gesamtentwickelung vorwärts bringt.

Nach Erkenntnis des dem sinnlichen Erdensein vorangegangenen Geistessein ergibt sich dann das Anschauen der Gründe, warum man im Geistessein eine gewisse Art und ein gewisses Schicksal für das Sinnensein angestrebt hat. Diese Gründe führen hin zu einem früheren Erdenleben, das man in der Vergangenheit durchlebt hat. Je nachdem dieses verlaufen ist, je nachdem man da gewisse Erfahrungen gemacht oder sich Fähigkeiten angeeignet hat, strebte man im darauffolgenden Geistessein darnach, mangelhaft gemachte Erfahrungen in einem neuen Erdenleben besser zu machen, unausgebildet gebliebene Fähigkeiten auszubilden. Man empfindet im Geistessein ein Unrechtes, das man zum Beispiel einem Menschen zugefügt hat *so,* daß man dadurch die Weltenordnung gestört hat, und daß es notwendig ist, in einem weiteren Lebenslauf mit dem entsprechenden Menschen zugleich auf Erden zu sein, um in den entsprechenden Beziehungen zu ihm das Unrecht gutzumachen. – Bei weiter fortschreitender Seelenentwickelung erweitert sich der Blick auf eine Reihe vorangegangener Erdenleben. Man gelangt auf solche Art zur beobachtenden Erkenntnis des wahren Lebenslaufes des übergeordneten «Ich». Man erschaut, daß der Mensch in wiederholten Erdenleben sein Gesamtdasein auf der Erde durchläuft, und daß zwischen den wiederholten Erdenleben rein geistige Lebensläufe liegen, welche mit den Erdenleben in gesetzmäßigem Zusammenhange stehen.

Auf diese Art wird die Erkenntnis von den wiederholten Erdenleben zur wirklichen Beobachtung gebracht. (Nur um immer wieder vorkommenden Mißverständnissen vorzubeugen, sei erwähnt, was in andern meiner Schriften genauer dargestellt ist. Das Gesamtdasein des Menschen verläuft nicht etwa so, daß sich das Leben ewig wiederholt. Es findet eine gewisse Zahl von Wiederholungen statt, daran schließen sich vorher und nachher ganz andre Daseinsarten; und alles dieses zeigt sich in seinem Gesamtverlaufe als weisheitsvolle Entwickelung.)

Die Erkenntnis, daß der Mensch in wiederholten Leben seine Entwickelung durchmacht, kann auch durch vernunftgemäße Beobachtung des Sinnenseins gewonnen werden. In meinem Buche «Theosophie», in meinem «Umriß der Geheimwissenschaft» sowie in kleineren Schriften von mir sind Beweise für die wiederholten Erdenleben und ihren Zusammenhang versucht worden, die in solcher Form gehalten sind, welche den wissenschaftlichen Erwägungen der gegenwärtigen naturwissenschaftlichen Entwickelungslehre eigen ist. Es sollte da gezeigt werden, wie ein folgerechtes Denken und Forschen, das wirklich die naturwissenschaftlichen Forschungen zu Ende führt, gar nicht anders kann, als den Entwickelungsgedanken, wie ihn die letzten Zeiten gebracht haben, für den Menschen so zu gestalten, daß die wahre Wesenheit, die Seelenindividualität des Menschen als etwas angesehen wird, das sich durch wiederholte Sinnenleben mit dazwischenliegenden rein geistigen Lebensläufen hindurch entwickelt. Was da als Beweise versucht wurde, kann naturgemäß viel weiter ausgebaut, vervollkommnet werden. Aber es kann die Meinung nicht unberechtigt erscheinen, daß Beweise auf diesem Gebiete genau denselben wissenschaftlichen Erkenntniswert haben, wie das, was man sonst naturwissenschaftliche Beweise nennt. Es gibt nichts in der Wissenschaft des Geistigen, was sich nicht durch so gehaltene Beweise stützen ließe. Man muß ja allerdings sagen, daß die geisteswissenschaftlichen Beweise ganz selbstverständlich sich viel schwerer Anerkennung verschaffen können als die naturwissenschaftlichen. Das rührt aber nicht davon her, weil sie weniger strenge sind, sondern weil der Mensch, wenn er sie vor sich hat, den sinnlichen Tatsachenboden nicht empfindet, der ihm in der Naturwissenschaft die Zustimmung zu den Beweisen leicht macht. Mit der Beweiskraft als solcher hat das aber gar nichts zu tun. Und wer imstande ist, unbefangen die naturwissenschaftlichen Beweise mit den in derselben Art gegebenen geisteswissenschaftlichen Beweisen zu vergleichen, der wird sich von dem gleichen Wert in bezug auf die Beweiskraft wohl überzeugen können. So kann zu dem, was der Beobachter der geistigen Welten aus seinem Schauen als Beschreibung über die wiederholten Erdenleben geben kann, noch hinzukommen, was durch solche Beweise darüber zu bekräftigen ist. Das eine kann dem andern helfen, eine Überzeugung von der Wiederholung des gesamten menschlichen Lebenslaufes zu gewinnen durch bloßes Begreifen. – Hier wurde versucht, den Weg zu zeigen, welcher über das Begreifen hinaus zum übersinnlichen Schauen dieser Wiederholung führt.

NACHWORT ZUR NEUAUFLAGE [1918]

Es kann wohl schon aus den Ausführungen der zweiten dieser «Meditationen» klar sein und wird auf den folgenden mit noch größerer Deutlichkeit zu erkennen sein, daß der Seelenweg, von dem in dieser Schrift gesprochen wird, in entschiedenster Weise alles auf krankhaften oder abnormen Leibesverhältnissen beruhende sogenannte «Hellsehen» ablehnt. Alles Visionäre, Mediumistische, das aus solchen Verhältnissen heraus entsteht, bleibt auf diesem Seelenweg ausgeschlossen. Solche Seeleninhalte gehen aus einer Verfassung des menschlichen Innern hervor, gegenüber welcher das sinnliche Wahrnehmen und das darauf gestützte Denken ein höheres Gebiet darstellen. Man lebt mit diesem Wahrnehmen und diesem Denken *mehr* in dem übersinnlichen Gebiet und man ist mit ihm mehr vom Leibe unabhängig, als dies der Fall ist, wenn eine unregelmäßige Leibesorganisation der Seele einen Inhalt vorgaukelt, der aus Vorgängen entspringt, die eigentlich dem Leibe dienen sollten, und die in krankhafter Art von ihrer naturgemäßen Aufgabe abirren und zu Vorstellungen führen, die weder in einer Wahrnehmung von außen, noch in einer eigenen Betätigung des Willens ihre Grundlage haben.

Unter den im gewöhnlichen Bewußtsein anwesenden Seelenverrichtungen ist es nur das *Denken,* das sich von der Wahrnehmung loslösen und zur selbständigen, nicht an abnorme Leibesäußerungen bedingten Betätigung führen kann. Nicht unter diejenige Seelenverfassung herunter, tiefer in die organischen Verrichtungen hinein geht, was hier als hellsehendes Schauen gemeint ist, sondern in Gebiete geht es hinauf, die mit dem von der Seele innerlich durchhellten, vom Eigenwollen beherrschten Denken *beginnen.* Aus diesem selbstbeherrschten Denken heraus entwickelt die Seele das hier gemeinte hellseherische Schauen. Das Denken ist für das Schauen Vorbild. Was in den «Meditationen» als solches Schauen beschrieben wird, unterscheidet sich allerdings ganz wesentlich vom bloßen Denken. Und es führt hinein in übersinnliche Weltenerfahrungen, in welche dieses Denken nicht dringen kann. Aber das Leben, das die Seele entfaltet in diesem Schauen, darf kein anderes sein als das im Denken entwickelte. Mit derselben Bewußtheit, mit der die

Seele in einem Gedanken lebt, mit der sie von einem zum andern Gedanken übergeht, muß sie in den Schauungen, in den Erleuchtungen leben.

Das Verhältnis der Seele zu diesen Schauungen ist allerdings ein wesentlich anderes als dasjenige zu den gewöhnlichen Gedanken. Wenn auch die seelische Beziehung einer Schauung auf die ihr entsprechende Wirklichkeit Ähnlichkeit hat mit der Beziehung einer Erinnerungsvorstellung zu der erlebten Wirklichkeit, an die sie erinnert, so ist doch ein Bedeutsames im Schauen gerade dies, daß während dessen Tätigkeit die Kraft der Erinnerung in der Seele gar nicht wirksam ist. Was man einmal *vorgestellt* hat, daran kann man sich erinnern, auch wenn die Vorstellung ein bloßes Phantasiegebilde ist. Was man in hellseherischem Schauen erfahren hat: das ist in dem Augenblicke dem Bewußtsein entschwunden, in dem die Schauung aufhört, wenn man nicht zu der seelischen Kraft des Schauens auch noch die andere hinzuentwickelt hat, in der Seele wieder dieselben Bedingungen des Schauens herzustellen, welche zu dieser Schauung geführt haben. Man kann sich an diese Bedingungen erinnern und kann dadurch die Schauung wiederholen; aber man kann sich nicht unmittelbar an die Schauung erinnern. Wer sich die notwendige Einsicht in diese Dinge verschafft hat, der hat gerade an dieser Einsicht ein Mittel, die Wirklichkeit, welche seiner Schauung entspricht, als solche zu erkennen. Wie man sich an eine Wahrnehmung, an ein Erlebnis erinnern kann, mit dieser Erinnerung aber das Erlebnis, die Wahrnehmung nicht selbst durchgemacht werden, so ist mit dem, was bei der Schauung für die Erinnerung verbleibt, nicht der wirkliche Inhalt dieser Schauung enthalten. Man kann daran erkennen, daß ebensowenig, wie die wirkliche Wahrnehmung eine bloße Illusion im Sinnesgebiet ist, so auch die der Schauung entsprechende übersinnliche Wirklichkeit dies nicht ist. Menschen, die sich mit dem Wesen des hier gemeinten Schauens nicht genügend bekanntgemacht haben und die das darüber Vorgebrachte nur von außen, nach ihren vorgefaßten Meinungen beurteilen, verfallen in dieser Beziehung in einen Irrtum. Sie glauben, daß was im hellsichtigen Bewußtsein auftritt, auf einem Spiel der Phantasie oder einem Weben von Vorstellungen beruhen könne, das aus unterbewußten Tiefen der Seele wie unklare Erinnerungen heraufflutet. Solche Beurteiler wissen nicht, daß das wahrhaft hellseherische Bewußtsein nur in solchen Seeleninhalten lebt, die niemals als solche in die organischen Tiefen untertauchen können, die schon bei ihrer Entstehung dem Schicksal widerstreben, von irgendeiner Erinnerungskraft erfaßt zu werden.

Eine weitere Eigentümlichkeit des hellseherischen Lebens ist die, daß sein Verlauf in wichtigen Kennzeichen abweicht von demjenigen des gewöhnlichen Seelenlebens. In diesem spielen die *Übung,* die Gewöhnung eine für das Menschenleben fruchtbare Rolle. Wer wiederholt eine gewisse Betätigung ausführt, der steigert seine Fähigkeit, diese Betätigung in geschickter Weise auszuführen. Wie wäre Fortschritt im Leben, in der Kunst, wie wäre irgendein Lernen überhaupt möglich, wenn nicht solcher Gewinn der menschlichen Geschicklichkeit durch Übung erreicht werden könnte. Ein Gleiches gilt aber nicht für die Aneignung des hellseherischen Schauens. Wer eine übersinnliche Erfahrung gemacht hat, der ist dadurch nicht geschickter geworden, sie ein zweitesmal zu machen. Hat er sie einmal gehabt, so ist dies ein Grund, daß sie von ihm fortstrebt. Sie sucht ihn gewissermaßen zu fliehen. Und er muß zu besonderen Seelenverrichtungen seine Zuflucht nehmen, die für ein wiederholtes Erfahren seine Seele mit einer stärkeren Kraft ausstatten als diejenige war, die ihn das erstemal in den Stand gesetzt hat, die Erfahrung zu machen. Für Anfänger auf dem übersinnlichen Seelenweg liegt in dieser Tatsache oft eine Quelle schwerer Enttäuschungen. Man kann bei entsprechenden Übungen, welche in dem in dieser Schrift angedeuteten Sinne zur Seelenverstärkung führen, verhältnismäßig leicht erste übersinnliche Erfahrungen machen. Man ist dann erst erfreut über den gemachten Fortschritt. Allein man wird bald bemerken, daß sich die gleichen Erfahrungen nicht wiederholen. Man fühlt sich dann in der Seele dem Übersinnlichen gegenüber wie leer. Was in Betracht kommt, ist, daß man sich klar darüber sein muß: dieselben Anstrengungen, die zum erstenmal zu dem Ergebnis geführt haben, wirken nicht ein zweitesmal, sondern stärkere, oft ganz andere. – Man muß sich eben zu der Einsicht durchringen, daß die Gesetze des übersinnlichen Erlebens in vielen Fällen andere, oft entgegengesetzte sind gegenüber den physischen. Aber man muß sich auch wieder hüten, daraus die Schlußfolgerung zu ziehen, daß man über das übersinnliche Erleben etwas wissen könne dadurch, daß man seine Vorgänge etwa immer als eine Umkehrung entsprechender sinnlicher denkt. Wie die Dinge im einzelnen stehen, muß eben in jedem individuellen Falle durch übersinnliche Erfahrung durchschaut werden.

Ein drittes Kennzeichen des übersinnlichen Erfahrens ist dieses, daß die Schauungen kaum einen bemeßbaren Zeitinhalt hindurch vor dem hellseherischen Bewußtsein aufleuchten. Man kann sagen: in dem Augenblicke, in dem sie auftreten, sind sie auch schon wieder entflohen. Das bewirkt, daß nur rasche Besinnung, rasche Einstellung der Aufmerksamkeit zum Bemerken wahrer Schauungen führte. Wer solche rasche Besinnung und Aufmerksamkeitseinstellung nicht unter seinen Seelenfähigkeiten entwickelt, der mag Schauungen haben; er erlangt kein Wissen davon. Darin liegt der Grund, warum von den Menschen die übersinnliche Welt in einem so großen Umfange verleugnet wird, als es der Fall ist. Das übersinnliche Erleben ist wirklich viel verbreiteter, als man gewöhnlich denkt. Der Verkehr des Menschen mit der geistigen Welt ist im Grunde etwas ganz Allgemein-Menschliches. Aber die Fähigkeit, mit rasch wirkender Bewußtseinskraft diesen Verkehr erkennend zu verfolgen, muß mühsam erworben werden. Man kann sich für diese Fähigkeit im gewöhnlichen Leben geeignet machen, wenn man sich darin übt, in gewissen Lebenslagen aus raschem Überblicken dessen, was vorliegt, einen Entschluß zum Handeln zu fassen. Wer in solchen Lebenslagen sich stets an ein immer wiederkehrendes Umdrehen des Entschlusses, an ein zu nichts als Zeitverlust führendes Zaudern: «Soll ich, soll ich nicht», gewöhnt, der wird aus diesem gewöhnlichen Leben heraus sich nur in schlechter Art für die Beobachtung der geistigen Welt vorbereiten können. Wer dazu kommt, schon in diesem Leben, wenn es angebracht ist, Geistesgegenwart zu entwickeln, der wird diese in das übersinnliche Erleben hineintragen können, in dem sie ein unbedingtes Erfordernis ist. – Lägen in dem Menschen, so wie er im gewöhnlichen Leben ist, die Fähigkeiten des übersinnlichen Erlebens, er wäre für seine Aufgabe in der Sinnenwelt untüchtig. Er kann in heilsamer Art zu übersinnlichen Fähigkeiten nur kommen, wenn er diese aus einem gesunden Leben in der sinnlichen Wirklichkeit heraus entwickelt. Wer durch Abkehr von diesem Leben, durch Sonderlings-Eigenschaften glaubt, der übersinnlichen Welt nahe zu kommen, der ist auf einem Irrwege. Wahres hellseherisches Schauen verhält sich zu den gesunden Verrichtungen des gewöhnlichen Bewußtseins wie dieses sich zu dem Schlafbewußtsein, dessen Inhalt in Träumen vor die Seele tritt, verhält. Wie aber durch ein ungesundes Schlafleben das gewöhnliche Bewußtsein gestört und untergraben wird, so kann auf der Grundlage einer lebensfeindlichen, lebensunpraktischen Haltung in der gewöhnlichen Wirklichkeit kein gesundes hellseherisches Schauen sich aufbauen. Je fester der Mensch im Leben steht, je verständnisvoller er den Aufgaben des gewöhnlichen intellektuellen, gefühlsmäßigen, moralischen und sozialen Daseins gegenüber sich verhält, desto gesünder wird er aus einer solchen Lebensführung die Seelenfähigkeiten hervorgehen lassen können, welche ihn zum Erleben der übersinnlichen Welten bringen. – Von einem solchen gesunden hellseherischen Schauen wollen die vorangehenden «Meditationen» sprechen. Alles Krankhafte, im üblen Sinne Visionäre und Phantastische ist auf dem Wege nicht zu finden, den sie beschreiben und der in das Erkennen der übersinnlichen Welt mündet.

DIE SCHWELLE
DER GEISTIGEN WELT

APHORISTISCHE AUSFÜHRUNGEN

EINLEITENDE BEMERKUNGEN

In dieser Schrift werden in aphoristischer Form einige Schilderungen gegeben derjenigen Teile der Welt und der menschlichen Wesenheit, die geschaut werden, wenn die geistige Erkenntnis die Grenze überschreitet, welche Sinneswelt von Geisteswelt trennt. Es ist weder eine systematische Darstellung noch in irgendeiner Beziehung Vollständigkeit angestrebt, sondern es sind in freier Art einige Beschreibungen versucht von geistigen Erlebnissen. In dieser Beziehung soll auch diese Schrift, wie die im vorigen Jahre veröffentlichte «Ein Weg zur Selbsterkenntnis des Menschen» meine anderen Schriften ergänzen und erweitern. Doch ist auch hier versucht, die Darstellung so zu geben, daß die Schrift für sich selbst, ohne die Kenntnis der anderen, gelesen werden kann.

Derjenige, welcher in die Erkenntnisse der Geisteswissenschaft wahrhaft eindringen will, wird die Notwendigkeit empfinden, das geistige Gebiet des Lebens von immer neuen Seiten betrachten zu können. Es ist ja nur naturgemäß, daß *jeder* solchen Darstellung eine Einseitigkeit anhaftet. Es muß bei Schilderungen des geistigen Gebietes dies viel mehr eintreten als bei solchen der Sinneswelt. Daher kann es dem nicht wahrhaft ernst zu tun sein um geistige Erkenntnis, der sich mit einer einmal hingenommenen Darstellung zufrieden gibt. Ich möchte mit solchen Schriften, wie diese eine ist, demjenigen dienen, welcher es in der angedeuteten Art ernst meint mit seinem Suchen nach Erkenntnis der geistigen Welt. Deshalb versuche ich, geistige Tatsachen, welche ich in meinen Schriften von gewissen Gesichtspunkten aus geschildert habe, von anderen Gesichtspunkten aus immer wieder darzustellen. Solche Darstellungen ergänzen sich gegenseitig wie Bildaufnahmen von einer Person oder einem Vorgange, die von verschiedenen Punkten aus gemacht werden.

Man hat bei jeder solchen Schilderung, die von einem gewissen Gesichtspunkte aus gemacht wird, Gelegenheit, Erkenntnisse auszusprechen, welche von einem anderen Gesichtspunkte aus sich nicht ergeben. Für denjenigen, welcher selbst die Geistesschau sucht, bieten sich auch in dieser Schrift wieder Anhaltspunkte für Meditationsstoffe. Man wird das bemerken, wenn man diese Anhaltspunkte sucht, um sie in entsprechender Art im seelischen Leben anzuwenden.

München, im August 1913 *Rudolf Steiner*

VON DEM VERTRAUEN, DAS MAN ZU DEM DENKEN HABEN KANN, UND VON DEM WESEN DER DENKENDEN SEELE

VOM MEDITIEREN

Das menschliche Denken ist für das wache Tagesbewußtsein wie eine Insel inmitten der Fluten des in Eindrücken, Empfindungen, Gefühlen usw. verlaufenden Seelenlebens. Man ist bis zu einem gewissen Grade mit einem Eindruck, mit einer Empfindung fertig geworden, wenn man sie begriffen, das heißt, wenn man einen Gedanken gefaßt hat, der den Eindruck, die Empfindung beleuchtet. Selbst im Sturme der Leidenschaften und Affekte kann eine gewisse Ruhe eintreten, wenn sich das Seelenschiff bis zu der Insel des Denkens hingearbeitet hat.

Die Seele hat ein natürliches Vertrauen zu dem Denken. Sie fühlt, daß sie alle Sicherheit im Leben verlieren müßte, wenn sie dieses Vertrauen nicht haben könnte. Das gesunde Seelenleben hört auf, wenn der Zweifel an dem Denken beginnt. Kann man über irgend etwas im Denken nicht ins klare kommen, so muß man den Trost haben können, daß die Klarheit sich ergeben würde, wenn man sich nur zur genügenden Kraft und Schärfe des Denkens aufraffen könnte. Über das eigene Unvermögen, etwas durch Denken zur Klarheit zu bringen, kann man sich beruhigen; nicht aber kann man den Gedanken ertragen, daß das Denken selbst nicht Befriedigung bringen könnte, wenn man in sein Gebiet so eindringen würde, wie es für eine bestimmte Lebenslage zur Erlangung des vollen Lichtes notwendig ist.

Diese Stimmung der Seele gegenüber dem Denken liegt allem Erkenntnisstreben der Menschheit zugrunde. Sie kann durch bestimmte Seelenverfassungen abgedämpft sein; im dunklen Fühlen der Seelen wird sie stets nachweisbar sein. Diejenigen Denker, welche an der Gültigkeit und Kraft des Denkens selbst zweifeln, täuschen sich über die Grundstimmung ihrer Seele. Denn es ist doch eigentlich ihre Denkschärfe oft, welche durch eine gewisse Überspannung ihnen die Zweifel und Rätsel bildet. Vertrauten sie dem Denken wirklich nicht, so zerquälten sie sich nicht mit diesen Zweifeln und Rätseln, welche doch nur die Ergebnisse des Denkens sind.

Wer das hier angedeutete Gefühl in bezug auf das Denken in sich entwickelt, der empfindet in diesem nicht allein etwas, das er in sich als Kraft der menschlichen Seele ausbildet, sondern auch etwas, das ganz unabhängig von ihm und seiner Seele eine Welt-Wesenheit in sich trägt. Eine Welt-Wesenheit, zu welcher er sich hindurcharbeiten muß, wenn er in etwas leben will, das *zugleich* ihm und der von ihm unabhängigen Welt angehört.

Dem Gedanken-Leben sich hingeben zu können, hat etwas tief Beruhigendes. Die Seele fühlt, daß sie in diesem Leben von *sich selbst* loskommen kann. Dieses Gefühl aber braucht die Seele ebenso wie das entgegengesetzte, dasjenige des völlig In-sich-selbst-sein-Könnens. In beiden Gefühlen liegt der ihr notwendige Pendelschlag ihres gesunden Lebens. Im Grunde sind Wachen und Schlafen nur die extremsten Ausdrücke dieses Pendelschlages. Im Wachen ist die Seele in sich, lebt ihr Eigenleben; im Schlafe verliert sie sich an das allgemeine Welt-Erleben, ist also gewissermaßen von sich selbst losgelöst. – Beide Ausschläge des Seelenpendels zeigen sich durch verschiedene andere Zustände des inneren Erlebens. Und das Leben in Gedanken ist ein Loskommen der Seele von sich selbst, wie das Fühlen, Empfinden, Affektleben usw. ein In-sich-selbst-Sein sind.

So angesehen, bietet das Denken der Seele den Trost, den sie braucht gegenüber dem Gefühl des Verlassenseins von der Welt. Man kann in berechtigter Art zu der Empfindung kommen: Was bin ich in dem Strome des allgemeinen Weltgeschehens, der von Unendlichkeit zu Unendlichkeit läuft, mit meinem Fühlen, mit meinem Wünschen und Wollen, die doch nur für mich Bedeutung haben? Sobald man das Leben in Gedanken recht erfühlt hat, stellt man dieser Empfindung die andere entgegen: Das Denken, das mit diesem Weltgeschehen zu tun hat, nimmt dich mit deiner Seele auf; du lebst in diesem Geschehen, wenn du sein Wesen denkend in dich fließen läßt. Man kann sich dann von der Welt aufgenommen, in ihr gerechtfertigt fühlen. Aus dieser Stimmung der Seele folgt dann für diese eine Stärkung, die sie so empfindet, als ob sie ihr von den Weltmächten selbst nach weisen Gesetzen zugekommen wäre.

Von dieser Empfindung ist es dann nicht mehr weit zu dem Schritte, nach welchem die Seele sagt: Nicht ich denke bloß, sondern es denkt in mir; es spricht das Weltenwerden in mir sich aus; meine Seele bietet bloß den Schauplatz, auf dem sich die Welt als Gedanke auslebt.

Diese Empfindung kann von dieser oder jener Philosophie zurückgewiesen werden. Es kann mit den mannigfaltigsten Gründen scheinbar ganz einleuchtend gemacht werden, daß der eben ausgesprochene Gedanke von dem «Sich-Denken der Welt in der menschlichen Seele» völlig irrtümlich sei. Demgegenüber muß erkannt werden, daß dieser Gedanke ein solcher ist, der durch inneres Erleben erarbeitet wird. Erst wer ihn so erarbeitet hat, versteht seine Gültigkeit völlig und weiß, daß alle «Widerlegungen» an seiner Gültigkeit nicht rütteln können. Wer ihn sich erarbeitet hat, der sieht gerade an ihm ganz klar, was viele «Widerlegungen» und «Beweise» in Wahrheit wert sind. Sie scheinen oft recht untrüglich, solange man von der Beweiskraft ihres Inhaltes noch eine irrtümliche Vorstellung haben kann. Es ist dann schwer, sich mit Menschen zu verständigen, welche solche «Beweise» für sich maßgeblich finden. Diese *müssen* den anderen im Irrtum glauben, weil sie die innere Arbeit in sich noch nicht geleistet haben, welche ihn zur Anerkennung dessen gebracht hat, was ihnen irrtümlich, vielleicht sogar töricht vorkommt.

Für denjenigen, welcher sich in die Geisteswissenschaft finden will, sind Meditationen von Nutzen wie die eben über das Denken vorgebrachte. Für einen solchen handelt es sich doch darum, daß er seine Seele in eine Verfassung bringe, die ihr den Zugang in die geistige Welt öffnet. Dieser Zugang kann dem scharfsinnigsten Denken, kann der vollendetsten Wissenschaftlichkeit verschlossen bleiben, wenn die Seele nichts den geistigen Tatsachen oder ihrer Mitteilung entgegenbringt, die auf sie eindringen wollen. – Es kann eine gute Vorbereitung für das Erfassen der geistigen Erkenntnisse sein, wenn man öfters gefühlt hat, welche Stärkung in der Seelenstimmung liegt: «Ich empfinde mich denkend eins mit dem Strom des Weltgeschehens.» – Es kommt dabei viel weniger auf den abstrakten Erkenntniswert dieses Gedankens an, als vielmehr darauf, in der Seele oft die stärkende Wirkung empfunden zu haben, die man erlebt, wenn ein solcher Gedanke kraftvoll durch das Innenleben strömt, wenn er sich wie geistige Lebensluft im Seelenleben ausbreitet. Es handelt sich nicht allein um das Erkennen dessen, was in einem solchen Gedanken liegt, sondern um das *Erleben*. Erkannt ist er, wenn er *einmal* mit genügender Überzeugungskraft in der Seele gegenwärtig war; soll er Früchte zeitigen für das Verständnis der geistigen Welt, ihrer Wesenheiten und Tatsachen, so muß er, nachdem er verstanden ist, in der Seele immer wieder belebt werden. Die Seele muß sich immer wieder ganz von ihm erfüllen, nur ihn in ihr anwesend sein lassen, mit Ausschluß aller anderen Gedanken, Empfindungen, Erinnerungen usw. – Ein solches wiederholtes Sich-Konzentrieren auf einen volldurchdrungenen Gedanken zieht Kräfte in der Seele zusammen, die im gewöhnlichen Leben gewissermaßen zerstreut sind; sie verstärkt sie in sich selbst. Diese zusammengezogenen Kräfte werden zu den Wahrnehmungsorganen für die geistige Welt und ihre Wahrheiten.

Man kann an dem Angedeuteten den rechten Vorgang des Meditierens erkennen. Erst arbeitet man sich zu einem Gedanken durch, den man einsehen kann mit den Mitteln, welche das gewöhnliche Leben und Erkennen an die Hand geben. Dann versenkt man sich wiederholt in diesen Gedanken, macht sich ganz eins mit ihm. Die Stärkung der Seele kommt durch das Leben mit einem solchen erkannten Gedanken. – Hier wurde als Beispiel ein Gedanke gewählt, der aus der Natur des Denkens selbst genommen ist. Er wurde als Beispiel gewählt, weil er für das Meditieren ganz besonders fruchtbar ist. Doch gilt in bezug auf die Meditation das hier Gesagte von jedem Gedanken, der auf die beschriebene Art gewonnen ist. – Für den Meditierenden ist es nur ganz besonders fruchtbar, wenn er die Seelenstimmung kennt, die aus dem oben angedeuteten Pendelschlag des Seelenlebens sich ergibt. Er kommt dadurch am sichersten zu dem Gefühle, in seiner Meditation von der geistigen Welt unmittelbar berührt worden zu sein.

Und dies Gefühl ist ein gesundes Ergebnis der Meditation. – Es sollte dies Gefühl seine Kraft ausstrahlen auf den Inhalt des ganzen übrigen wachen Tageslebens. Und zwar nicht so, daß stets etwas da ist, wie ein gegenwärtiger Eindruck der Meditationsstimmung, sondern in der Art, daß man sich stets sagen kann, es fließe in das ganze Leben eine Stärkung durch das Meditationserlebnis. Wenn die Meditationsstimmung wie ein immer gegenwärtiger Eindruck durch das Tagesleben zieht, so gießt sie nämlich über dasselbe etwas aus, was die Unbefangenheit dieses Lebens stört. Sie wird dann in den Zeiten der Meditation selbst nicht genug stark und nicht genug rein sein können. Die rechten Früchte zeitigt die Meditation eben dadurch, daß sie sich mit ihrer Stimmung heraushebt aus dem übrigen Leben. Auf dieses wirkt sie auch dann am besten, wenn sie als etwas Besonderes, Herausgehobenes empfunden wird.

Die Einsicht in die Ergebnisse der Geisteswissenschaft wird erleichtert, wenn man im gewöhnlichen Seelenleben dasjenige ins Auge faßt, was Begriffe gibt, die sich so erweitern und umbilden lassen, daß sie allmählich an die Vorgänge und Wesenheiten der geistigen Welt heranreichen. Wählt man nicht mit Geduld diesen Weg, so wird man leicht versucht sein, die geistige Welt viel zu ähnlich der physischen oder sinnlichen vorzustellen. Ja man wird ohne diesen Weg nicht einmal dies zustande bringen, eine zutreffende Vorstellung von dem Geistigen selbst und seinem Verhältnisse zum Menschen sich zu bilden.

Die geistigen Ereignisse und Wesenheiten dringen an den Menschen heran, wenn er seine Seele dazu bereitet hat, sie wahrzunehmen. Die Art, wie sie herandringen, ist durchaus verschieden von dem Auftreten physischer Tatsachen und Wesenheiten. Man kann aber eine Vorstellung von diesem ganz andersartigen Auftreten gewinnen, wenn man den Vorgang der Erinnerung sich vor die Seele stellt. – Man hat vor mehr oder weniger langer Zeit etwas erlebt. Es taucht in einem bestimmten Augenblicke – durch diesen oder jenen Anlaß – aus dem Untergrunde des Seelen-Erlebens herauf. Man weiß, daß das so Aufgetauchte einem Erlebnis entspricht; und man bezieht es auf dieses Erlebnis. In dem Augenblick der Erinnerung hat man aber *gegenwärtig* von dem Erlebnis nichts anderes als das Erinnerungsbild. – Man denke sich nun in der Seele auftauchend ein Bild in solcher Art, wie ein Erinnerungsbild ist, doch so, daß dies Bild nicht etwas vorher Erlebtes, sondern etwas der Seele Fremdes ausdrückt. Man hat sich damit eine Vorstellung davon gebildet, wie in der Seele die geistige Welt zunächst auftritt, wenn diese Seele genügend dazu vorbereitet ist.

Weil dies so ist, wird derjenige, welcher mit den Verhältnissen der geistigen Welt nicht genügend vertraut ist, stets mit dem Einwand herantreten, daß alle «vermeintlichen» geistigen Erlebnisse nichts weiter seien als mehr oder weniger undeutliche Erinnerungsbilder, welche die Seele nur nicht als solche erkennt und sie daher für Offenbarungen einer geistigen Welt halten kann. Nun soll durchaus nicht geleugnet werden, daß die Unterscheidung von Illusionen und Wirklichkeiten auf diesem Gebiete eine schwierige ist. Viele Menschen, welche glauben, Wahrnehmungen aus einer übersinnlichen Welt zu haben, sind ja gewiß nur mit ihren Erinnerungsbildern beschäftigt, die sie nur nicht als solche erkennen. Um hier ganz klar zu sehen, muß man von vielem unterrichtet sein, was Quell von Illusionen werden kann. Man braucht zum Beispiel etwas nur einmal flüchtig gesehen zu haben, so flüchtig, daß der Eindruck gar nicht in das Bewußtsein voll eingedrungen ist; und es kann später – vielleicht sogar ganz verändert – als lebhaftes Bild auftreten. Man wird versichern, daß man mit der Sache niemals etwas zu tun gehabt habe, daß man eine wirkliche Eingebung habe.

Dies und vieles andere läßt durchaus begreiflich erscheinen, daß die Angaben des übersinnlichen Schauens denjenigen höchst fragwürdig erscheinen, welche mit der Eigenart der Geisteswissenschaft nicht vertraut sind. – Wer sorgfältig alles beachtet, was in meiner Schrift «Wie erlangt man Erkenntnisse der höheren Welten?» über die Heranbildung des geistigen Schauens gesagt ist, der wird wohl in die Möglichkeit versetzt, auf diesem Gebiete Illusion und Wahrheit zu unterscheiden.

Es darf aber in bezug darauf auch noch das folgende gesagt werden. Die geistigen Erlebnisse treten zunächst allerdings als Bilder auf. Sie steigen aus den Untergründen der dazu vorbereiteten Seele als solche Bilder herauf. Es kommt nun darauf an, zu diesen Bildern das richtige Verhältnis zu gewinnen. Sie haben Wert für die übersinnliche Wahrnehmung erst dann, wenn sie durch die ganze Art, wie sie sich geben, gar nicht an und für sich selbst genommen sein wollen. Sobald sie so genommen werden, sind sie kaum mehr wert als gewöhnliche Träume. Sie müssen sich so ankündigen wie Buchstaben, die man vor sich hat. Man faßt nicht die Form dieser Buchstaben ins Auge, sondern man liest in den Buchstaben dasjenige, was durch sie ausgedrückt wird. Wie etwas Geschriebenes nicht dazu auffordert, die Buchstabenformen zu beschreiben, so fordern die Bilder, die den Inhalt des übersinnlichen Schauens bilden, nicht dazu auf, sie als solche aufzufassen; sondern sie führen durch sich selbst die Notwendigkeit herbei, von ihrer Bildwesenheit ganz abzusehen und die Seele auf dasjenige hinzulenken, was durch sie als übersinnlicher Vorgang oder Wesenheit zum Ausdruck gelangt.

So wenig jemand den Einwand machen kann, daß ein Brief, durch den man etwas vorher völlig Unbekanntes erfährt, sich doch nur aus den längst bekannten Buchstaben zusammensetzt, so wenig kann den Bildern des übersinnlichen Bewußtseins gegenüber gesagt werden, daß sie doch nur dasjenige enthalten, was dem gewöhnlichen Leben entlehnt ist. – Dies ist gewiß bis zu einem gewissen Grade richtig. Doch kommt es dem wirklichen übersinnlichen Bewußtsein nicht auf das an, was so dem gewöhnlichen Leben entlehnt ist, sondern darauf, was in den Bildern sich ausdrückt.

Zunächst muß sich die Seele allerdings bereit machen, solche Bilder im geistigen Blickekreis auftreten zu sehen; dazu aber muß sie auch sorgfältig das Gefühl ausbilden, bei diesen Bildern nicht stehen zu bleiben, sondern sie in der rechten Art auf die übersinnliche Welt zu beziehen. Man kann durchaus sagen, zur wahren übersinnlichen Anschauung gehört nicht nur die Fähigkeit, in sich eine Bilderwelt zu erschauen, sondern noch eine andere, welche sich mit dem *Lesen* in der sinnlichen Welt vergleichen läßt.

Die übersinnliche Welt ist zunächst als etwas ganz außer dem gewöhnlichen Bewußtsein Liegendes vorzustellen. Dieses Bewußtsein hat gar nichts, wodurch es an diese Welt herandringen kann. Durch die in der Meditation verstärkten Kräfte des Seelenlebens wird zuerst eine *Berührung* der Seele mit der übersinnlichen Welt geschaffen. Dadurch tauchen aus den Fluten des Seelenlebens die gekennzeichneten Bilder herauf. Diese sind als solche ein Tableau, das eigentlich ganz von der Seele selbst gewoben wird. Und zwar wird es gewoben aus den Kräften, welche sich die Seele in der sinnlichen Welt erworben hat. Es enthält als Bildgewebe wirklich nichts anderes, als was sich mit Erinnerung vergleichen läßt. – Je mehr man sich für das Verständnis des hellsichtigen Bewußtseins dieses klar macht, desto besser ist es. Man wird sich dann über die Bildnatur keiner Illusion hingeben. Und man wird dadurch auch ein rechtes Gefühl dafür ausbilden, in welcher Art man die Bilder auf die übersinnliche Welt zu beziehen hat. Man wird durch die Bilder in der übersinnlichen Welt *lesen* lernen. – Durch die Eindrücke der sinnlichen Welt steht man den Wesen und Vorgängen dieser Welt naturgemäß weit näher als durch die übersinnlich geschauten Bilder der übersinnlichen Welt. Man könnte sogar sagen, diese Bilder seien zunächst wie ein Vorhang, welchen sich die Seele vor die übersinnliche Welt hinstellt, wenn sie sich von derselben berührt fühlt.

Es kommt darauf an, daß man sich in die Art des Erlebens übersinnlicher Dinge allmählich hineinfindet. Im Erleben ergibt sich nach und nach die sachgemäße Deutung, das richtige Lesen. Für bedeutsamere übersinnliche Erlebnisse wird sich durch das Geschaute von selbst ergeben, daß man es mit keinen Erinnerungsbildern aus dem gewöhnlichen Erleben zu tun haben kann. Es wird ja allerdings von solchen, welche sich eine Überzeugung von gewissen übersinnlichen Erkenntnissen angeeignet haben, oder wenigstens angeeignet zu haben glauben, viel Ungereimtes auf diesem Felde behauptet. Wie viele Menschen beziehen doch gewisse Bilder, welche in ihrer Seele auftreten, auf Erlebnisse früheren Erdenseins, wenn sie von den wiederholten Erdenleben überzeugt sind. Man sollte stets mißtrauisch sein, wenn diese Bilder auf solche vorhergehende Erdenleben hinzuweisen scheinen, welche dem gegenwärtigen in dieser oder jener Beziehung ähnlich sind, oder welche sich so zeigen, daß das gegenwärtige sich *verstandesgemäß* aus den vermeintlichen früheren leicht begreifen läßt. Wenn im *wirklichen* übersinnlichen Erleben der wahre Eindruck des oder der vorigen Erdenleben auftritt, so zeigt sich wohl zumeist, daß dieses oder diese früheren Leben so waren, wie man sie durch alles Ausdenken des gegenwärtigen, durch alles Wünschen und Streben für dieses, hätte niemals gestalten können, oder gedanklich gestalten wollen. Man wird zum Beispiel in einem Augenblicke des gegenwärtigen Lebens den Eindruck von seinem vorigen Erdensein empfangen, in welchem es ganz unmöglich ist, Fähigkeiten oder dergleichen sich anzueignen, die man in jenem Leben besessen hat. Weit entfernt, daß für solche bedeutsamere Geisteserlebnisse sich Bilder einstellten, die Erinnerungen aus dem gewöhnlichen Leben sein könnten, sind diese Bilder meist solche, daß man im gewöhnlichen Erleben hätte gar nicht auf sie verfallen können. – Für die wirklichen Eindrücke aus den ganz übersinnlichen Welten ist dies in noch höherem Grade der Fall. So gibt es zum Beispiel oft keine Möglichkeit, Bilder aus dem gewöhnlichen Leben heraus zu gestalten, die sich auf das Dasein zwischen den Erdenleben, also das Leben zwischen dem letzten Tode des Menschen im vorhergehenden Erdenleben und der Geburt in das gegenwärtige, beziehen. Man kann da erfahren, daß man in dem geistigen Leben zu Menschen und Dingen Neigungen entwickelt hat, die in vollem Widerspruch zu dem stehen, was man an entsprechenden Neigungen im Erdenleben entwickelt. Man erkennt, daß man oft im Erdenleben dazu getrieben wurde, sich liebevoll mit etwas zu befassen, das man im vorangegangenen geistigen Leben (zwischen Tod und Geburt) von sich gewiesen, gemieden hat. Alles, was als Erinnerung an diese Sache aus dem gewöhnlichen Erleben auftauchen könnte, müßte anders sein, als der Eindruck ist, den man durch die wirkliche Wahrnehmung aus der geistigen Welt erhält.

Der mit der Geisteswissenschaft nicht Vertraute wird zwar auch selbst dann noch Einwände haben, wenn die Dinge so stehen, wie sie eben geschildert worden sind. Er wird sagen können: nun wohl, du hast eine Sache lieb. Die Menschennatur ist kompliziert. Jeder Neigung ist eine geheime Abneigung beigemischt. Die taucht dir in bezug auf das betreffende Ding in einem besonderen Augenblicke auf. Du hältst sie für ein vorgeburtliches Erlebnis, während sie sich ganz naturgemäß vielleicht aus unterbewußten seelischen Tatbeständen erklärt. – Gegen einen solchen Einwand ist im allgemeinen gar nichts anderes zu sagen, als daß er für viele Fälle – ganz gewiß richtig sein kann. Die Erkenntnisse des übersinnlichen Bewußtseins sind eben *einwandfrei* nicht auf leichte Art zu gewinnen. So wahr aber es ist, daß sich ein «vermeintlicher» Geistesforscher irren und einen unterbewußten Tatbestand auf ein Erlebnis des vorgeburtlichen Geisteslebens beziehen kann, so wahr ist es auch, daß die geisteswissenschaftliche Schulung zu einer solchen Selbsterkenntnis führt, die auch die unterbewußte Seelenverfassung umfaßt und auch in dieser Beziehung sich von Illusionen befreien kann. Nichts anderes aber soll hier behauptet werden, als daß *wahr* nur solche übersinnliche Erkenntnisse sind, die in der Tätigkeit des Erkennens das, was aus den übersinnlichen Welten stammt, von dem unterscheiden können, was die eigene Vorstellung nur gebildet hat. Dieses Unterscheidungsvermögen wird aber im Einleben in die übersinnlichen Welten so angeeignet, daß man auf diesem Felde Wahrnehmung von Einbildung so sicher unterscheidet, wie man in der Sinnenwelt heißes Eisen, das man mit dem Finger anfaßt, unterscheidet von einem bloß eingebildeten heißen Eisen.

VON DEM ÄTHERISCHEN LEIB DES MENSCHEN UND VON DER ELEMENTARISCHEN WELT

Die Anerkennung einer übersinnlichen Geisteswelt und deren Erkenntnis erwirbt sich der Mensch durch die Überwindung gewisser Hindernisse, welche in der Seele zunächst gegenüber dieser Anerkennung vorhanden sind. Die Schwierigkeit, die hier vorliegt, beruht darauf, daß diese Hindernisse zwar im Bestande des seelischen Erlebens wirksam sind, daß sie aber im gewöhnlichen Leben als solche nicht zum Bewußtsein kommen. Es ist eben in der Seele des Menschen vieles lebendig vorhanden, von dem diese Seele selbst zunächst nichts weiß, von dem sie sich erst allmählich ein Wissen erwerben muß, ganz wie von Wesen und Vorgängen der äußeren Welt.

Die geistige Welt ist für die Seele, bevor sie von dieser erkannt wird, etwas ganz Fremdes, etwas, das in seinen Eigenschaften nichts von dem hat, was die Seele durch ihre Erlebnisse in der sinnlichen Welt erfahren kann. So kommt es, daß die Seele vor diese geistige Welt gestellt sein könnte und in ihr ein vollkommenes «Nichts» sähe. Die Seele könnte sich fühlen wie in einen unendlichen, leeren, öden Abgrund hineinblickend. – Ein solches Gefühl ist nun in den zunächst unbewußten Seelentiefen tatsächlich vorhanden. Die Seele hat dieses Gefühl, das der Scheu, der Furcht verwandt ist; sie lebt in demselben, ohne daß sie davon weiß. Für das Leben der Seele ist aber nicht allein maßgebend dasjenige, wovon sie weiß, sondern auch dasjenige, was in ihr, ohne ihr Wissen, tatsächlich vorhanden ist. – Wenn nun die Seele aus dem Bereiche ihres Denkens nach «Gründen der Widerlegung», nach «Beweisen» gegen die geistige Welt sucht, dann geschieht dies nicht, weil diese «Gründe» durch ihren eigenen Wert zwingend sind, sondern deshalb, weil die Seele eine Art Betäubung gegen das geschilderte Gefühl sucht. Man wird nicht ein Leugner der geistigen Welt, oder der Möglichkeit ihrer Erkenntnisse, weil man deren «Nichtdasein» «beweisen» kann, sondern weil man die Seele erfüllen will mit Gedanken, die hinwegtäuschen über die «Scheu vor der Geisteswelt». Eine Befreiung von dieser Sehnsucht nach einem materialistischen Betäubungsmittel gegen die «Scheu vor der Geisteswelt» kann erst eintreten, wenn man den ganzen hier geschilderten Tatbestand des Seelenlebens überschaut. Der «Materialismus als seelisches Furchtphänomen» ist ein wichtiges Kapitel der Seelenwissenschaft.

Begreiflich wird diese «Scheu vor dem Geistigen», wenn man zur Anerkennung der Wahrheit sich hindurchgerungen hat, daß die Vorgänge und Wesenheiten der Sinnenwelt der äußere Ausdruck übersinnlicher, geistiger Vorgänge und Wesenheiten sind. Dies Begreifen tritt schon dann ein, wenn man durchschaut, daß der Leib, der am Menschen sinnlich wahrnehmbar ist, und mit dem es die äußere Wissenschaft allein zu tun hat, der Ausdruck ist für einen feinen, übersinnlichen (ätherischen) Leib, in dem der sinnliche (oder physische) wie in einer Wolke als dichterer Kern enthalten ist. – Dieser ätherische Leib ist ein zweites Glied der menschlichen Wesenheit. In ihm liegt der Grund des Lebens des physischen Leibes. Nun ist in bezug auf diesen ätherischen Leib der Mensch von der Außenwelt nicht in demselben Grade abgesondert, wie er in seinem physischen Leib abgesondert von der physischen Außenwelt ist. Wenn in bezug auf den ätherischen Leib von einer Außenwelt gesprochen wird, so ist damit nicht die physische Außenwelt gemeint, welche durch die Sinne wahrgenommen wird, sondern eine geistige Umwelt, welche gegenüber der physischen Welt so übersinnlich ist wie der ätherische Leib des Menschen gegenüber seinem physischen Leib. Der Mensch steht als ätherisches Wesen in einer ätherischen (elementarischen) Welt.

Wenn nun dasjenige, was der Mensch wohl stets erlebt, wovon er aber im gewöhnlichen Erleben nichts weiß, daß er nämlich als ätherisches Wesen in einer elementarischen Welt sich befindet – wenn dieser Tatbestand bewußt wird, so ist dieses Bewußtsein ein ganz anderes als das des gewöhnlichen Erlebens. Für die übersinnliche Erkenntnis tritt dieses Bewußtsein ein. Diese *weiß* dann von dem, was im Leben stets da ist, was sich aber vor dem gewöhnlichen Bewußtsein verbirgt.

Nun sagt der Mensch im gewöhnlichen Bewußtsein zu sich «Ich», indem er auf das Wesen deutet, welches in seinem physischen Leibe sich darbietet. In der Sinneswelt beruht sein gesundes Seelenleben darauf, daß er sich so als ein von der übrigen Welt abgesondertes Wesen erkennt. Dieses gesunde Seelenleben wäre durchbrochen, wenn der Mensch irgendwelche Vorgänge oder Wesenheiten der Außenwelt als zu seinem «Ich» gehörig bezeichnete. – Insofern der Mensch sich als ätherisches Wesen in der elementarischen Welt erlebt, ist dies anders. Da verschwimmt das eigene (Ich-)Wesen mit gewissen Vorgängen und Wesenheiten der Umgebung. Die ätherische Menschenwesenheit muß *sich* auch in dem finden, was nicht in der Art ihr Inneres ist, wie sie sich gewöhnt hat, dieses «Innere» in der Sinnenwelt anzusehen. Es gibt in der elementarischen Welt Kräfte, Vorgänge und Wesenheiten, welche man, trotzdem sie in gewisser Beziehung «Außenwelt» sind, doch so ansprechen muß, als ob sie zu dem eigenen «Ich» gehörten. Man ist als ätherisches Menschenwesen in die elementarische Weltwesenheit eingesponnen. In der physisch-sinnlichen Welt hat man seine Gedanken; man ist mit ihnen so zusammen, daß man sie als zum Bestande des «Ich» gehörig ansehen kann. In das ätherische Menschenwesen wirken so intim in das «Innere» herein wie die Gedanken in der Sinnenwelt Kräfte, Vorgänge usw., die sich nicht so verhalten wie die Gedanken, sondern die wie Wesen sind, die *mit* und *in* der Seele leben. Die übersinnliche Erkenntnis bedarf daher einer stärkeren inneren Kraft, als diejenige ist, welche die Seele hat, um sich gegenüber ihren Gedanken als selbständig behaupten zu können. Und die Vorbereitung zur wahren Geist-Anschauung besteht im wesentlichen auch darin, die Seele so innerlich zu verstärken, zu erkraften, daß sie sich als Eigenwesen nicht nur erfühlen kann, wenn Gedanken in ihr sind, sondern auch, wenn die Kräfte und Wesenheiten der elementarischen Welt in ihrem Bewußtseinsfelde wie ein Teil ihres eigenen Wesens auftreten.

Die Kraft der Seele, durch welche sie sich als Wesen der elementarischen Welt behauptet, ist in dem gewöhnlichen Leben des Menschen vorhanden. Die Seele weiß zunächst nichts von dieser Kraft, *aber sie hat sie.* Daß sie sie auch *wissend* haben kann, dazu muß sie sich erst rüsten. Sie muß sich dazu aneignen jene innere Seelenstärke, welche in der Vorbereitung zum Geist-Anschauen erworben wird. Solange sich der Mensch nicht entschließen kann, diese innere Seelenstärke sich anzueignen, hat er eine begreifliche Scheu vor der Anerkennung seiner geistigen Umwelt, und er greift – unbewußt – zu der Illusion, diese geistige Welt sei nicht vorhanden, oder nicht erkennbar. Diese Illusion hilft ihm hinweg über die instinktive Scheu vor dem Verwachsen oder Verschwimmen seines Eigenwesens (Ich) mit einer wesenhaften äußeren geistigen Welt.

Wer den geschilderten Tatbestand durchschaut, der kommt zur Anerkennung eines ätherischen Menschenwesens «hinter» dem physisch-sinnlichen Menschen, und einer übersinnlichen ätherischen (elementarischen) Welt hinter der physisch-wahrnehmbaren.

In der elementarischen Welt findet das hellsichtige Bewußtsein Wesenhaftes, das bis zu einem gewissen Grade Selbständigkeit hat, wie das physische Bewußtsein in der Sinnenwelt Gedanken findet, welche unselbständig und unwesenhaft sind. – Das Einleben in diese elementarische Welt führt dann dazu, die teilweise selbständigen Wesenheiten in einem größeren Zusammenhange zu sehen. Wie wenn man erst die Glieder eines physischen Menschenleibes in ihrer teilweisen Selbständigkeit betrachtete und dann erkannte, daß sie innerhalb des Gesamtleibes als Teile vorhanden sind, so fassen sich für das übersinnliche Bewußtsein die Einzelwesen der elementarischen Welt als Lebensglieder eines großen Geistleibes zusammen, welcher dann im weiteren Verlaufe des übersinnlichen Erlebens als der elementarische (übersinnliche) Lebensleib der Erde erkannt wird. Innerhalb dieses Lebensleibes der Erde erfühlt sich das ätherische Menschenwesen selbst als ein Glied.

Es ist dieses Fortschreiten in der Geist-Anschauung ein Einleben in das Wesen einer elementarischen Welt. Diese Welt ist belebt von Wesenheiten der mannigfaltigsten Art. Will man das Treiben dieser wesenhaften Kräfte zum Ausdruck bringen, so kann man das nur, indem man ihre mannigfaltigen Eigenarten in Bildern zeichnet. Es gibt da Wesenheiten, die man verwandt findet mit allem, was nach Dauer, nach Festigkeit, nach Schwere drängt. Man kann sie als Erdenseelen bezeichnen. (Und wenn man nicht überklug sich dünkt und sich nicht fürchtet vor dem Bilde, das doch auch nur auf die Wirklichkeit deuten, sie nicht selber sein soll, so kann man von «Gnomen» sprechen.) Man findet Wesen, die man wegen ihrer Beschaffenheiten als Luft-, Wasser-, Feuerseelen bezeichnen kann.

Dann aber zeigen sich auch andere Wesenheiten. Diese treten zwar so auf, daß sie als elementarische (ätherische) Wesen erscheinen, doch man erkennt an ihnen, daß in ihrer ätherischen Wesenheit etwas steckt, was höherer Art ist als die Wesenhaftigkeit der elementarischen Welt. Man lernt verstehen, daß man dem wahren Sein dieser Wesen mit dem Grade von übersinnlicher Erkenntnis, der nur für die elementarische Welt ausreicht, ebensowenig beikommen kann, wie man der wahren Wesenheit des Menschen mit dem bloßen physischen Bewußtsein beikommen kann.

Die vorher genannten Wesen, die im Bilde Erd-, Wasser-, Luft-, Feuerseelen genannt werden können, stehen mit ihrer Tätigkeit in gewisser Beziehung innerhalb des elementarischen Lebensleibes der Erde. Sie haben in demselben ihre Aufgaben. Die charakterisierten Wesenheiten höherer Art haben eine Tätigkeit, welche über das Erdgebiet hinausreicht. Lernt man sie im übersinnlichen Erleben weiter kennen, so wird man selbst mit seinem Bewußtsein über das Erdgebiet geistig hinausgeführt. Man schaut, wie sich dieses Erdgebiet aus einem anderen herausgebildet hat, und wie es die geistigen Keime in sich entwickelt, daß aus ihm in der Zukunft ein weiteres Gebiet, gewissermaßen eine «neue Erde», entstehen kann. In meiner «Geheimwissenschaft» ist gesagt, warum man dasjenige, woraus sich die Erde gebildet hat, als einen alten «Mondplaneten» bezeichnen kann, und warum man die Welt, nach welcher die Erde in Zukunft hinstreben wird, als «Jupiter» bezeichnen kann. Das Wesentliche ist, daß man im «alten Monde» eine langvergangene Welt sieht, aus welcher die Erdenwelt durch Umwandlung sich gebildet hat, und daß man im geistigen Sinne als «Jupiter» eine zukünftige Welt versteht, nach welcher die Erdenwelt hinstrebt.

ZUSAMMENFASSUNG DES VORANGEHENDEN

Es liegt dem physischen Menschen eine feine ätherische Menschenwesenheit zugrunde. Diese lebt in einer elementarischen Umwelt, wie der physische Mensch in einer physischen Umwelt lebt. Die elementarische Außenwelt gliedert sich zum übersinnlichen Lebensleib der Erde zusammen. Dieser ergibt sich als das Umwandelungswesen einer alten Welt (Mondenwelt) und als der Vorbereitungszustand für eine künftige Welt (Jupiterwelt). Schematisch kann man nach dem Vorhergehenden den Menschen so betrachten:

I. *Den physischen Leib* in der *physisch-sinnlichen Umwelt.* Durch ihn erkennt sich der Mensch als selbständiges Eigenwesen (Ich).

II. *Den* feinen *(ätherischen) Leib* in der *elementarischen Umwelt.* Durch ihn erkennt sich der Mensch als Glied des Erdenlebensleibes und dadurch mittelbar als Glied dreier aufeinanderfolgender planetarischer Zustände.

VON DEN WIEDERHOLTEN ERDENLEBEN UND VOM KARMA

VON DEM ASTRALISCHEN LEIB DES MENSCHEN UND VON DER GEISTIGEN WELT

VON AHRIMANISCHEN WESENHEITEN

Die Anerkennung, daß im Seelenleben etwas waltet, was dem Bewußtsein der Seele so Außenwelt ist wie die im gewöhnlichen Sinne so genannte Außenwelt, wird der Seele besonders schwer. Sie sträubt sich – unbewußt – dagegen, weil sie ihr Eigensein durch diesen Tatbestand gefährdet glaubt. Sie wendet instinktiv den geistigen Blick von diesem Tatbestand ab. Daß die neuere Wissenschaft theoretisch die Sache als solche zugesteht, ist noch nicht ein Voll-Erleben dieser Tatsache mit allen Konsequenzen des inneren Erfassens derselben und des Sich-Durchdringens mit ihr. Kann das Bewußtsein dazu gelangen, diese Tatsache lebensvoll zu erfühlen, dann lernt es im Seelenwesen einen inneren Kern erkennen, welcher selbständig wesenhaft gegenüber allem ist, was im Bereich des bewußten Seelenlebens zwischen Geburt und Tod sich entwickeln kann. Es lernt das Bewußtsein in seinem Untergrunde ein Wesen kennen, als dessen Geschöpf es sich selber fühlen muß. Und als dessen Geschöpf es auch den Leib mit allen seinen Kräften und Eigenschaften fühlen muß, der der Träger dieses Bewußtseins ist. Die Seele lernt im Verfolg eines solchen Erlebens das Heranreifen einer in ihr befindlichen geistigen Wesenheit empfinden, welche sich den Einflüssen des bewußten Lebens entzieht. Sie kommt dazu, zu fühlen, wie diese innere Wesenheit im Verlaufe des Lebens zwischen Geburt und Tod immer kraftvoller, aber auch selbständiger wird. Sie lernt erkennen, daß diese Wesenheit innerhalb dieses Lebens zwischen Geburt und Tod zu dem übrigen Erleben sich so stellt, wie der im Pflanzenwesen sich entwickelnde Keim zu der Gesamtheit der Pflanze, in welcher er sich entwickelt. Nur ist der Pflanzenkeim ein physisches Wesen, der Seelenkeim ein geistiges. – Der Verfolg eines solchen Erlebens führt dann zur Anerkennung des Gedankens von den wiederholten Erdenleben des Menschen. Die Seele kann in ihrem von ihr bis zu einem gewissen Grade unabhängigen Wesenskern den Keim zu einem neuen Menschenleben erfühlen, in das dieser Keim die Früchte des gegenwärtigen hinübertragen wird, wenn er in einer geistigen Welt nach dem Tode jene Lebensbedingungen in einer rein geistigen Weise erfahren haben wird, die ihm dann nicht zuteil werden können, wenn er von einem physischen Erdenleib zwischen Geburt und Tod umhüllt ist.

Aus diesem Gedanken ergibt sich dann mit Notwendigkeit der andere, daß das gegenwärtige Sinnesleben zwischen Geburt und Tod das Ergebnis ist anderer langvergangner Erdenleben, in denen die Seele einen Keim entwickelt hat, der nach dem Tode in einer rein geistigen Welt weiter gelebt hat, bis er gereift war, ein neues Erdenleben durch eine neue Geburt anzutreten, wie der Pflanzenkeim zur neuen Pflanze wird, nachdem er, losgelöst von der alten Pflanze, in der er sich gebildet hat, eine Zeitlang unter anderen Lebensbedingungen gewesen ist.

Das übersinnliche Bewußtsein lernt durch die entsprechenden Seelenvorbereitungen in den Vorgang untertauchen, der darin besteht, daß sich in einem Menschenleben ein in gewisser Weise selbständiger Kern ausbildet, welcher die Früchte dieses Lebens in folgende Erdenleben hinüberführt. – Bilderhaft, wesenhaft, wie wenn es sich als Eigenwesen offenbaren wollte, taucht aus den Seelenfluten ein zweites Selbst auf, das dem Wesen, das man vorher als sein Selbst angesprochen hat, wie selbständig, übergeordnet erscheint. Es nimmt sich wie ein Inspirator dieses Selbstes aus. Der Mensch fließt als dieses letztere Selbst zusammen mit dem inspirierenden, übergeordneten.

Was das übersinnliche Bewußtsein so als Tatbestand durchschaut, in dem lebt das gewöhnliche Bewußtsein, ohne daß es davon weiß. Wieder bedarf es der Seelenstärkung, um sich aufrechtzuerhalten jetzt nicht nur gegenüber einer geistigen Außenwelt, mit der man verschmilzt, sondern sogar mit einer geistigen Wesenheit, die man in einem höheren Sinne selber ist, und die doch außerhalb dessen steht, was man in der Sinnenwelt *notwendig* als sein Selbst erfühlen muß. (Die Art, wie dieses zweite Selbst sich aus den Seelenfluten bilderhaft, wesenhaft erhebt, ist für die verschiedenen Menschenindividualitäten ganz verschieden. In meinen szenischen Seelengemälden «Die Pforte der Einweihung», «Die Prüfung der Seele», «Der Hüter der Schwelle» und «Der Seelen Erwachen» versuchte ich darzustellen, wie verschiedene Menschenindividualitäten sich zu dem Erleben dieses «anderen Selbstes» hindurcharbeiten.)

Wenn nun auch die Seele im gewöhnlichen Bewußtsein nichts weiß von der Inspiration durch ihr «anderes Selbst», so ist diese Inspiration aber doch in den Seelentiefen vorhanden. Nur ist diese Inspiration keine solche in Gedanken oder inneren Worten; sie *wirkt durch Taten,* durch Vorgänge, durch ein Geschehen. Dieses «andere Selbst» ist es, welches die Seele hinführt zu den Einzelheiten ihres Lebensschicksals, und welches in ihr die Fähigkeiten, Neigungen, Anlagen usw. hervorruft. – Dieses «andere Selbst» lebt in der Gesamtheit des Schicksals eines Menschenlebens. Es geht neben dem Selbst, das zwischen Geburt und Tod seine Bedingungen hat, einher und gestaltet das menschliche Leben mit allem, was Erfreuliches, Erhebendes, Schmerzvolles in dasselbe einschlägt. Das übersinnliche Bewußtsein lernt, indem es mit diesem «anderen Selbst» sich zusammenfindet, zu der Gesamtheit des Lebensschicksals so «Ich» zu sagen, wie der physische Mensch zu *seinem* Eigenwesen «Ich» sagt. Was man mit einem morgenländischen Worte «Karma» nennt: es wächst in der angedeuteten Art mit dem «anderen Selbst», mit dem «geistigen Ich-Wesen» zusammen. Der Lebenslauf eines Menschen erscheint inspiriert von seiner eigenen Dauerwesenheit, die von Leben zu Leben sich weiterführt; und die Inspiration erfolgt so, daß die Lebensschicksale eines folgenden Erdenseins als die Folge sich ergeben der vorangehenden Erdenleben.

So lernt der Mensch sich selbst erkennen als eine «andere Wesenheit», eine solche, welche er nicht im Sinnensein ist, und die sich in diesem Sinnensein nur durch ihre Wirkungen zum Ausdruck bringt. Wenn das Bewußtsein in *diese* Welt eintritt, so ist es in einem Gebiete, das dem elementarischen gegenüber als das Geistgebiet bezeichnet werden kann.

Solange man sich in diesem Gebiete erfühlt, findet man sich vollkommen außer dem Kreise stehend, in dem alle Erlebnisse und Erfahrungen der Sinneswelt sich abspielen. Man sieht aus einer anderen Welt auf diejenige zurück, welche man gewissermaßen verlassen hat. Man gelangt aber zu der Erkenntnis, daß man als Mensch den beiden Welten angehört. Man empfindet die Sinnenwelt wie eine Art Spiegelbild der Geisteswelt. Doch als ein Spiegelbild, in welchem die Vorgänge und Wesenheiten der Geisteswelt nicht bloß gespiegelt werden, sondern das, obgleich es Spiegelbild ist, ein selbständiges Leben in sich führt. Wie wenn ein Mensch sich in einem Spiegel sähe und, indem er sich sieht, das Spiegelbild selbständiges Leben gewänne. – Und man lernt geistige Wesenheiten kennen, welche dieses selbständige Leben des Spiegelbildes der Geisteswelt bewirken. Diese geistigen Wesenheiten empfindet man als solche, welche ihrem Ursprunge nach der Geisteswelt angehören, die aber den Schauplatz dieser Welt verlassen haben und in der Sinneswelt ihr Wirkensfeld entwickeln. So sieht man sich zweien Welten gegenüber, welche aufeinander wirken. Es soll die geistige Welt hier als die *obere,* die Sinneswelt als die *untere* Welt bezeichnet werden.

Man lernt in der unteren Welt die gekennzeichneten geistigen Wesenheiten dadurch kennen, daß man gewissermaßen seinen Gesichtspunkt selbst in die obere Welt verlegt hat. Eine Art dieser geistigen Wesenheiten stellt sich so dar, daß man in ihr den Grund findet, warum der Mensch die Sinneswelt als eine stoffliche, materielle erlebt. Man erkennt, daß alles Stoffliche in Wahrheit geistig ist, und daß die geistige Wirksamkeit jener Wesen das Geistige der Sinneswelt zum Stofflichen verfestigt, verhärtet. So unbeliebt gewisse Namen in der Gegenwart auch sind, man braucht sie für dasjenige, was man in der Geisteswelt als wirklich erschaut. Deshalb seien hier die Wesen, welche dieses Verstofflichen der Sinneswelt bewirken, die *ahrimanischen* Wesenheiten genannt. Nun zeigt sich in bezug auf diese ahrimanischen Wesenheiten auch, daß sie ihr ureigenes Gebiet im Reiche des Mineralischen haben. Im Mineralreiche herrschen diese Wesenheiten so, daß sie in diesem Reiche voll zur Offenbarung bringen, was sie ihrer Natur nach sind. – Im Pflanzenreiche und in den höheren Naturreichen vollbringen sie etwas anderes. Verständlich wird dieses andere erst, wenn man das Gebiet der elementarischen Welt in Betracht zieht. Auch diese elementarische Welt erscheint, von dem Geistgebiete aus gesehen, wie eine Spiegelung dieses Geistgebietes. Doch ist die Selbständigkeit des Spiegelbildes in der elementarischen Welt keine so große wie diejenige der physischen Sinneswelt. In der ersteren herrschen die geistigen Wesenheiten von der Art der ahrimanischen weniger als in der Sinneswelt. Doch entwickeln diese ahrimanischen Wesenheiten von der elementarischen Welt aus unter anderem diejenige Wirksamkeit, welche in Vernichtung und Tod des Daseins ihren Ausdruck findet. Man kann geradezu sagen, daß für die höheren Naturreiche die ahrimanischen Wesenheiten die Aufgabe haben, den Tod herbeizuführen. Insoferne der Tod zur notwendigen Ordnung des Daseins gehört, ist die Aufgabe der ahrimanischen Wesenheiten in dieser Ordnung begründet.

Man erfährt aber, wenn man die Wirksamkeit der ahrimanischen Wesenheiten vom Geistgebiet aus beobachtet, daß mit ihrem Wirken in der unteren Welt noch etwas anderes zusammenhängt. Indem sie in dieser Welt ihren Schauplatz haben, fühlen sie sich nicht an die Ordnung gebunden, die ihren Kräften zukäme, wenn sie in der oberen Welt wirkten, in welcher sie ihren Ursprung haben. Sie streben in der unteren Welt nach einer Selbständigkeit, welche sie in der oberen niemals haben könnten. Dies äußert sich insbesondere in der Wirksamkeit der ahrimanischen Wesenheiten auf den Menschen, insoferne der Mensch das höchste Naturreich der Sinneswelt bildet. Sie streben das menschliche Seelenleben, soweit dieses an das Sinnessein des Menschen gebunden ist, zu verselbständigen, es loszureißen von der oberen Welt und es ganz ihrer eigenen Welt einzuverleiben. Der Mensch als denkende Seele hat seinen Ursprung in der oberen Welt. Die geistig schauend gewordene, denkende Seele tritt auch in diese obere Welt ein. Das in der Sinneswelt zur Entfaltung kommende und an diese gebundene Denken hat in sich dasjenige, was als Einfluß der ahrimanischen Wesenheiten zu bezeichnen ist. Diese Wesenheiten wollen gewissermaßen dem Sinnesdenken innerhalb der Sinneswelt eine Art dauernden Daseins geben. Indem ihre Kräfte den Tod bringen, wollen sie die denkende Seele dem Tode entreißen und nur das andere Wesenhafte am Menschen in die Vernichtung einströmen lassen. Die Menschendenkkraft aber soll, nach ihren Intentionen, im Sinnesbereich zurückbleiben und ein Sein annehmen, das der Natur des Ahrimanischen immer ähnlicher werden soll.

In der unteren Welt drückt sich das eben Geschilderte nur durch seine *Wirkung* aus. Der Mensch kann darnach streben, in seiner denkenden Seele sich mit den Kräften durchdringen zu lassen, welche die geistige Welt anerkennen, welche in derselben sich lebend und wesend wissen. Er kann aber auch sich mit seiner denkenden Seele von solchen Kräften abwenden, kann sein Denken nur dazu benützen, die Sinneswelt zu ergreifen. Die Verlockungen zu dem letzteren kommen von den ahrimanischen Kräften.

VON DEM ASTRALISCHEN LEIBE UND VON LUZIFERISCHEN WESENHEITEN VON DEM WESEN DES ÄTHERISCHEN LEIBES

Eine andere Art von geistigen Wesenheiten, welche, von dem Geistgebiet aus, in der Sinneswelt (und auch in der elementarischen Welt) als auf ihrem angenommenen Schauplatze wirksam beobachtet werden, sind diejenigen, welche die fühlende Seele ganz von der Sinneswelt befreien wollen; sie also gewissermaßen vergeistigen wollen. Das Leben in der Sinneswelt gehört der Weltenordnung an. Indem die menschliche Seele in der Sinneswelt lebt, macht sie in derselben eine Entwickelung durch, welche zu dem Bereiche ihrer Daseinsbedingungen gehört. Daß sie einverwoben ist in dieses Sinnesgebiet, ist ein Ergebnis der Wirksamkeit von Wesenheiten, welche man in der oberen Welt kennen lernt. Dieser Wirksamkeit entgegen arbeiten die Wesenheiten, welche die fühlende Seele von den Bedingungen der Sinneswirksamkeit losreißen wollen. Diese Wesenheiten seien hier die *luziferischen* Wesenheiten genannt.

So stehen die luziferischen Wesenheiten in der Sinneswelt, gewissermaßen alles erspähend, was in dieser *seelisch* (fühlend) ist, um dies aus dieser Sinneswelt herauszuziehen und einem eigenen Weltgebiet einzuverleiben, das ihrer Natur ähnlich ist. Von der oberen Welt aus gesehen, ist die Wirksamkeit dieser luziferischen Wesenheiten auch in der elementarischen Welt bemerkbar. Sie streben innerhalb derselben ein Kräftegebiet an, das von der Schwere der Sinneswelt, nach ihren Intentionen, nicht berührt werden soll, trotzdem es von den Wesen der oberen Welt dazu vorbestimmt ist, in diese Sinneswelt einverwoben zu werden. Wie die ahrimanischen Wesenheiten innerhalb ihres Kreises blieben, wenn sie nur die in der Weltenordnung begründete zeitweilige Vernichtung des Daseins herbeiführten, so überschritten die luziferischen Wesenheiten das Gebiet ihres eigenen Reiches nicht, wenn sie die fühlende Seele mit Kräften durchsetzten, in welchen diese immer wieder den Antrieb empfindet, sich über die Nötigungen in der Sinneswelt zu erheben und sich gegenüber diesen Nötigungen als selbständiges, freies Wesen zu erfühlen. Doch überschreiten die luziferischen Wesen ihr Gebiet, indem sie gegenüber der allgemeinen Ordnung der oberen Welt ein besonderes Reich des Geistes schaffen wollen, zu dem sie die seelischen Wesenheiten in der Sinneswelt umgestalten wollen.

Man kann sehen, wie die Wirkung der luziferischen Wesenheiten in der Sinneswelt nach zwei Seiten hindrängt. Auf der einen Seite ist es diesen Wesen zu verdanken, daß der Mensch sich über das bloße Erleben des sinnlich Wirklichen zu erheben vermag. Er zieht seine Freude, seine Erhebung nicht nur aus der Sinneswelt. Er kann sich erfreuen, erheben an dem, was bloß im Scheine lebt, was als *schöner Schein* über das Sinnliche hinausgeht. Von dieser Seite her hat die luziferische Wirksamkeit die bedeutsamsten Kulturblüten, vor allem die künstlerischen, mitbewirkt. Der Mensch kann auch im freien Denken leben, er braucht nicht bloß die Sinnesdinge zu beschreiben und in Gedanken porträtartig nachzubilden; er kann über die Sinneswelt hinaus schöpferisches Denken entfalten; er kann über die Dinge philosophieren. – Auf der anderen Seite wird die Überspannung der luziferischen Kräfte in den Seelen zum Quell vieler Schwärmereien und Verworrenheiten, welche in seelischen Tätigkeiten sich entfalten wollen, ohne sich an die Bedingungen der höheren Weltenordnung zu halten. Das Philosophieren ohne die Grundlagen gediegenen Einlebens in die Weltordnung, das eigensinnige Sich-Einspinnen in willkürliche Vorstellungen, das übertriebene Pochen auf die angenommene, liebgewordene persönliche Meinung: alles dieses sind die Schattenseiten der luziferischen Wirksamkeit.

Die Menschenseele gehört mit ihrem «anderen Selbst» der oberen Welt an. Sie ist aber auch zugehörig zu dem Sein in der unteren Welt. Das übersinnliche Bewußtsein erfühlt sich wissend, wenn es die entsprechende Vorbereitung durchgemacht hat, in der oberen Welt. Doch ändert sich für das übersinnliche Bewußtsein kein Tatbestand, sondern es wird zu dem, was für *jede* Menschenseele ein Tatbestand ist, eben nur das Wissen über diesen Tatbestand hinzugefügt. – Jede Menschenseele gehört der oberen Welt an und ist, wenn der Mensch in der Sinneswelt lebt, einem Sinnesleib zugeordnet, welcher den Vorgängen dieser Sinneswelt unterliegt; sie ist ferner einem feinen, ätherischen Leib zugeordnet, welcher innerhalb der Vorgänge der elementarischen Welt lebt. In dem Sinnesleib und in dem ätherischen Leib wirken die Kräfte der ahrimanischen und luziferischen Wesenheiten. Diese Kräfte sind geistiger, übersinnlicher Natur.

Insoferne die Menschenseele in der oberen (Geistes-)Welt lebt, ist sie eine – um diesen Ausdruck zu gebrauchen – astralische Wesenheit. Zu den mancherlei Gründen, welche diesen Ausdruck rechtfertigen, gehört auch der, daß die astralische Wesenheit des Menschen als solche *nicht* unterliegt den Bedingungen, welche innerhalb der Erde wirksam sind. Die Geisteswissenschaft erkennt, daß innerhalb der Astralwesenheit des Menschen nicht die Naturgesetze der Erde, sondern diejenigen Gesetze wirksam sind, welche für die Vorgänge der Sternenwelt in Betracht kommen. Deshalb kann die Namengebung gerechtfertigt erscheinen. Zu der Anerkennung des physisch-sinnlichen Leibes des Menschen und des ätherischen, feinen Leibes kommt so diejenige des dritten, des *astralischen Leibes* hinzu. Es muß aber durchaus das Folgende berücksichtigt werden: In bezug auf seine ureigene Wesenheit wurzelt der astralische Menschenleib in der oberen Welt, in dem eigentlichen Geistgebiet. Innerhalb dieses Gebietes ist er eine Wesenheit, welche von der gleichen Art mit anderen Wesenheiten ist, welche den Schauplatz ihrer Wirksamkeit in dieser Geisteswelt haben. Insofern die elementarische und die Sinnes-Welt Spiegelungen der Geisteswelt sind, müssen auch der ätherische und der physisch-sinnliche Menschenleib als Spiegelungen der astralischen Wesenheit des Menschen angesehen werden. Es walten aber in diesem ätherischen und in dem physisch-sinnlichen Leibe Kräfte, die von den luziferischen und ahrimanischen Wesenheiten herrühren. Da diese Wesenheiten geistigen Ursprungs sind, so ist es naturgemäß, daß man im Gebiete des sinnlich-physischen und des ätherischen Leibes selbst eine Art astralischer Wesenheit des Menschen findet. Einer Geistesanschauung, welche nur die Bilder des übersinnlichen Bewußtseins hinnimmt und ihre Bedeutung nicht richtig zu verstehen vermag, kann es leicht geschehen, daß der astralische Einschlag des physischen und des ätherischen Leibes als der eigentliche astralische Leib genommen wird. Doch ist dieser «astralische Leib» gerade das Glied in der menschlichen Wesenheit, welches in seiner Wirksamkeit sich gegen die Gesetzmäßigkeit richtet, die dem Menschen in der Weltordnung wahrhaft zukommt. – Verwechslungen und Verworrenheiten auf diesem Gebiete sind um so leichter möglich, als für das gewöhnliche menschliche Bewußtsein zunächst ein Wissen von der astralischen Wesenheit der Seele ganz unmöglich ist. Aber auch für die ersten Stufen des übersinnlichen Bewußtseins ist dieses Wissen noch nicht erreichbar. Dieses Bewußtsein wird erreicht, wenn sich der Mensch in seinem ätherischen Leibe erlebt. In demselben erschaut er aber die Spiegelbilder seines «anderen Selbstes» und der oberen Welt, der er angehört. Er erschaut so das ätherische Spiegelbild seines astralischen Leibes und erschaut es mit den in ihm enthaltenen luziferischen und ahrimanischen Wesenheiten. – Es wird sich in den späteren Aphorismen dieser Schrift zeigen, daß auch das «Ich», welches der Mensch in seinem gewöhnlichen Leben als seine Wesenheit anspricht, nicht das «wahre Ich» ist, sondern die Spiegelung des «wahren Ich» in der physisch-sinnlichen Welt. Für die ätherische Anschauung kann so die ätherische Spiegelung des astralischen Leibes zu der Illusion des «wahren astralischen Leibes» werden.

Im weiteren Verfolg des Sich-Einlebens in die obere Welt kommt das übersinnliche Bewußtsein auch dazu, eine wahre Ansicht über die Natur der Spiegelung der oberen Welt in der unteren in bezug auf das Menschenwesen zu gewinnen. Da zeigt sich vor allem, daß der ätherische, feine Leib, wie ihn der Mensch in seinem gegenwärtigen Erdendasein an sich trägt, nicht in Wahrheit ein Spiegelbild ist von dem, was ihm in der oberen Welt entspricht. Er ist ein Spiegelbild, verändert durch die Wirksamkeit der luziferischen und ahrimanischen Wesenheiten. Das geistige Urbild des ätherischen Leibes kann durch die Natur der Erdenwesenheit, in welcher die genannten Wesenheiten wirksam sind, sich gar nicht im irdischen Menschen vollkommen spiegeln. Verfolgt das übersinnliche Bewußtsein seinen Weg über die Erde hinaus zu einem Gebiete, auf dem eine vollkommene Spiegelung des Urbildes des ätherischen Leibes möglich ist, so sieht es sich über den gegenwärtigen Erdenzustand, ja auch noch über den diesem vorangegangenen Mondenzustand in eine ferne Vergangenheit zurückversetzt. Es kommt dazu, Einsicht zu gewinnen, wie die gegenwärtige Erde sich aus einem Mondenzustande, dieser aber aus einem Sonnenzustande heraus entwickelt hat. Warum der Name Sonnenzustand gerechtfertigt ist, darüber findet man in meiner «Geheimwissenschaft» das Nähere. Die Erde war also einmal in einem Sonnenzustand; sie hat sich aus diesem zu einem Mondenzustande hin entwickelt, und ist dann «Erde» geworden. Während des Sonnenzustandes war der ätherische Leib des Menschen eine reine Spiegelung der geistigen Vorgänge und Wesenheiten der Welt, in welchem er seinen Ursprung hat. Es ergibt sich für das übersinnliche Bewußtsein, daß diese Wesenheiten ganz aus lauterer Weisheit bestehen. So kann man sagen, daß während der Sonnenzeit der Erde in urferner Vergangenheit der Mensch in sich aufgenommen hat seinen ätherischen Leib als reine Spiegelung der kosmischen Weisheitswesen. Während der folgenden Monden- und Erdenzeit hat sich dann dieser ätherische Leib verändert und ist zu demjenigen geworden, was er gegenwärtig in der menschlichen Wesenheit ist.

ZUSAMMENFASSUNG DES VORANGEHENDEN

Der Mensch trägt in sich einen seelischen Wesenskern, welcher einer geistigen Welt angehört. Dieser seelische Wesenskern ist das menschliche Dauerwesen, welches in wiederholten Erdenleben sich so auslebt, daß es sich in einem Erdenleben innerhalb des gewöhnlichen Bewußtseins als eine diesem Bewußtsein gegenüber selbständige Wesenheit heranbildet, nach dem physischen Tode des Menschen in einer rein geistigen Welt erlebt, und nach entsprechender Zeit die Ergebnisse des vorangehenden Erdenlebens in einem neuen darlebt. Es wirkt dieses Dauerwesen so, daß es zum Inspirator des Schicksals des Menschen wird. Es inspiriert dieses Schicksal so, daß sich ein Erdenleben als die durch die Weltordnung begründete Folge der vorangehenden ergibt.

Der Mensch ist dieses Dauerwesen selbst; er lebt in ihm als in seinem «anderen Selbst». Insoferne er als Wesen dieses «andere Selbst» ist, lebt er in einem astralischen Leibe, wie er in einem physischen und ätherischen Leibe lebt. Wie die Umgebung des physischen Leibes die physische, diejenige des ätherischen Leibes die elementarische Welt ist, so ist die Umgebung des astralischen Leibes das Geistgebiet.

Wesen, welche derselben Art und desselben Ursprungs sind wie das «andere Selbst» des Menschen, wirken in der physischen und elementarischen Welt als ahrimanische und luziferische Kräfte. Durch die Art, wie diese wirken, wird das Verhältnis des astralischen Menschenleibes zu dem ätherischen und dem physischen verständlich.

Der Urquell des ätherischen Leibes ist in einem langvergangenen Zustand der Erde, ihrer sogenannten Sonnenzeit, zu suchen.

Schematisch kann man nach dem Vorangehenden den Menschen so betrachten:

I. *Den physischen Leib* in der physisch-sinnlichen Umwelt. Durch ihn erkennt sich der Mensch als selbständiges Eigenwesen (Ich).

II. *Den feinen (ätherischen) Leib* in der *elementarischen Umwelt.* Durch ihn erkennt sich der Mensch als Glied des Erdenlebensleibes und dadurch mittelbar als Glied dreier aufeinanderfolgender planetarischer Zustände.

III. *Den astralischen Leib* in einer rein *geistigen Umwelt.* Durch ihn ist der Mensch ein Glied einer geistigen Welt, von welcher die elementarische und die physische Welt Spiegelungen sind. In ihm liegt das «andere Selbst» des Menschen, welches sich in wiederholten Erdenleben zum Ausdrucke bringt.

VON DEM «HÜTER DER SCHWELLE» UND EINIGEN EIGENHEITEN DES ÜBERSINNLICHEN BEWUSSTSEINS

Mit seinem Erleben in der Sinneswelt steht der Mensch außerhalb der geistigen Welt, in welcher im Sinne der vorangehenden Betrachtungen seine Wesenheit wurzelt. Welchen Anteil dieses Erleben an der menschlichen Wesenheit hat, ersieht man, wenn man bedenkt, daß das übersinnliche Bewußtsein, welches die übersinnlichen Welten betritt, einer Verstärkung eben der Seelenkräfte bedarf, die in der Sinneswelt erworben werden. Ist diese Verstärkung nicht vorhanden, so fühlt die Seele eine gewisse Scheu, in die übersinnliche Welt einzutreten. Sie will sich sogar vor diesem Eintritte dadurch retten, daß sie sich «Beweise» sucht für die Unmöglichkeit eines solchen Eintrittes.

Findet sich aber die Seele stark genug zum Eintritte, erkennt sie in sich die Kräfte, welche ihr gestatten, nach dem Eintritte ihre Wesenheit als selbständige zu behaupten und in dem Felde ihres Bewußtseins nicht nur Gedanken, sondern auch Wesenheiten zu erleben, wie sie es muß in der elementarischen und in der geistigen Welt: so erfühlt sie auch, daß sie diese Kräfte nur innerhalb des Lebens in der Sinneswelt hat sammeln können. Sie sieht die Notwendigkeit ein, in ihrem Weltenlaufe durch die Sinneswelt geführt zu werden.

Insbesondere ergibt sich diese Einsicht durch die Erlebnisse, welche das übersinnliche Bewußtsein mit dem *Denken* hat. Beim Eintritte in die elementarische Welt erfüllt sich das Bewußtsein mit Wesenheiten, die in Bildform wahrgenommen werden. Es kommt gar nicht in die Lage, innerhalb dieser Welt gegenüber deren Wesenheiten eine ähnliche innere Seelentätigkeit zu entwickeln, wie sie im Gedankenleben innerhalb der Sinneswelt entwickelt wird. – Dennoch wäre es unmöglich, sich innerhalb dieser elementarischen Welt als menschliches Wesen zurechtzufinden, wenn man sie nicht denkend beträte. Man würde ohne denkende Betrachtung wohl die Wesenheiten der elementarischen Welt *schauen;* man würde aber von keiner in Wahrheit wissen können, was sie ist. Man gliche einem Menschen, der eine Schrift vor sich hat, die er nicht lesen kann; ein solcher sieht mit seinen Augen genau dasselbe, was auch derjenige sieht, der die

Schrift lesen kann; Bedeutung und Wesenheit hat sie aber doch nur für diesen.

Dennoch übt das übersinnliche Bewußtsein während seines Verweilens in der elementarischen Welt keineswegs eine solche denkerische Tätigkeit aus, wie sie in der Sinneswelt sich vollzieht. Es ist vielmehr so, daß ein denkendes Wesen – wie der Mensch – im richtigen Schauen der elementarischen Welt die Bedeutung ihrer Wesen und Kräfte mit-wahrnimmt, und daß ein nicht-denkendes Wesen die Bilder ohne deren Bedeutung und Wesenheit wahrnehmen würde.

Wird die geistige Welt betreten, so würden zum Beispiel die ahrimanischen Wesenheiten für etwas ganz anderes gehalten werden, als was sie sind, wenn sie nicht von der Seele als einer denkenden Wesenheit geschaut würden. Ebenso ist es mit den luziferischen und anderen Wesenheiten der geistigen Welt. Die ahrimanischen und luziferischen Wesenheiten werden von dem Menschen als das geschaut, was sie sind, wenn er sie von der geistigen Welt aus mit dem hellsichtigen Blicke betrachtet, der durch das Denken erkraftet ist.

Bewaffnete sich die Seele nicht mit der genügenden denkerischen Kraft, so würden die luziferischen Wesenheiten, wenn sie von der geistigen Welt aus geschaut würden, der hellsichtigen Bilderwelt sich bemächtigen und in der betrachtenden Seele die Illusion hervorrufen, daß sie tiefer und immer tiefer in die eigentlich gesuchte geistige Welt hineindringe, während sie in Wahrheit in die Welt immer tiefer versinkt, welche die luziferischen Kräfte als eine ihrer Wesenheit gleiche zubereiten wollen. Die Seele würde sich zwar immer selbständiger fühlen; aber sie würde sich in eine Geisteswelt einleben, die nicht ihrer Wesenheit und ihrem Urquell entspricht. Sie liefe in eine ihr fremde geistige Umgebung ein. – Die Sinneswelt verbirgt solche Wesenheiten, wie die luziferischen sind. Daher können diese innerhalb der Sinneswelt das Bewußtsein nicht beirren. Sie sind für dasselbe einfach nicht vorhanden. Und das Bewußtsein hat die Möglichkeit, sich unbeirrt von ihnen, genügend – denkerisch – zu erkraften. Es gehört zu den instinktiven Eigenheiten des gesunden Bewußtseins, daß es die geistige Welt nur in dem Maße betreten *will,* als es sich für das Durchschauen derselben in der Sinneswelt genügend erkraftet hat. Das Bewußtsein hängt an der Art, wie es sich in der Sinneswelt erleben kann. Es fühlt sich in seinem Elemente, wenn es mit den Gedanken, Gefühlen, Affekten usw. sich in sich erleben kann, die es der Sinneswelt verdankt. Wie stark das Bewußtsein an diesem Erleben hängt, das zeigt sich ganz besonders in dem Augenblicke, in welchem der Eintritt in die übersinnlichen Welten wirklich erfolgt. Wie man an lieben Erinnerungen in besonderen Augenblicken seines Lebens sich festklammert, so kommen beim Eintritt in die übersinnlichen Welten alle die Neigungen mit Notwendigkeit wie aus den Seelentiefen herauf, deren man nur überhaupt fähig ist. Man wird da gewahr, wie man im Grunde an dem Leben hängt, das den Menschen mit der Sinneswelt verbindet. Dieses Hängen zeigt sich da in seiner vollen Wahrheit, ohne alle Illusionen, die man sich sonst im Leben über diese Tatsache macht. Es kommt beim Eintritte in die übersinnliche Welt – gewissermaßen als eine erste übersinnliche Errungenschaft – ein Stück Selbsterkenntnis zustande, von der man vorher kaum eine Ahnung haben konnte. Und es zeigt sich, was man alles hinter sich lassen muß, wenn man wirklich wissend in die Welt eintreten will, in welcher man doch tatsächlich fortwährend darinnen ist. Was man als Mensch bewußt und unbewußt in der Sinneswelt aus sich gemacht hat, das tritt mit höchster Deutlichkeit vor den Seelenblick. – Es kann dieses Erleben oftmals die Folge haben, daß man alle weiteren Versuche des Eindringens in die übersinnlichen Welten fallen läßt. Denn es kommt hinzu, daß man Klarheit darüber gewinnt, wie man anders fühlen, empfinden lernen muß, wenn der Aufenthalt in der geistigen Welt erfolgreich sein soll. Man muß zu dem Entschluß kommen, eine ganze andere innere Seelenverfassung auszubilden, als man vorher gehabt hat, oder – anders gesagt: – man muß zu der vorher errungenen eine andere hinzugewinnen.

Und doch – was geschieht denn in einem solchen Augenblicke des Eintrittes in die übersinnliche Welt eigentlich? Man schaut das Wesen, das man immer gewesen ist; aber man schaut es jetzt nicht von der Sinneswelt aus, von der aus man es vorher stets angeschaut hat; man schaut es, *ohne Illusion,* in seiner Wahrheit von der geistigen Welt aus. Man schaut es so, daß man sich voll durchdrungen fühlt von den Erkenntniskräften, die es in seinem geistigen Wert zu bemessen imstande sind. Wenn man sich so betrachtet, so zeigt sich auch, warum man in die übersinnliche Welt nicht ohne Scheu bewußt eintreten will; es zeigt sich der Grad der Stärke, den man zu diesem Eintritte hat. Man sieht, wie man sich selbst als wissendes Wesen von ihr ferne hält. Und je genauer man sich so durchschaut, desto stärker treten auch die Neigungen auf, durch welche man in der Sinneswelt mit seinem Bewußtsein verbleiben will. Wie aus den Schlupfwinkeln der Seelentiefen lockt das erhöhte Wissen diese Neigungen herauf. *Man muß sie erkennen;* denn nur dadurch werden sie überwunden. Aber im Erkennen bezeugen sie noch ganz besonders ihre Kraft. Sie wollen die Seele überwältigen; diese fühlt sich von ihnen wie in unbestimmte Tiefen hinuntergezogen. Der Augenblick der Selbsterkenntnis ist ein ernster. Es wird in der Welt viel zuviel von der Selbsterkenntnis philosophiert und theoretisiert. Dadurch wird der Seelenblick eher von dem Ernste abgelenkt, der mit ihr verbunden ist, als zu ihm hingetrieben. Und trotz all dieses Ernstes: welche Befriedigung gewährt es, wenn man bedenkt, wie die Menschennatur so eingerichtet ist, daß sie von ihren Instinkten veranlaßt wird, in die geistige Welt nicht einzutreten, bevor sie ihren Reifegrad als Selbsterlebnis in sich entwickeln kann. Welche Befriedigung, daß die zunächst bedeutsamste Begegnung mit einem Wesen der übersinnlichen Welt die ist mit der eigenen Wesenheit in ihrer Wahrheit, die man in der Menschheitsentwickelung weiterführen soll!

Man kann sagen, in dem Menschen stecke ein Wesen, das sorgsame Wache hält an der Grenzscheide, die beim Eintritte in die übersinnliche Welt überschritten werden muß. Diese im Menschen steckende geistige Wesenheit, die man selbst ist, die man aber so wenig durch das gewöhnliche Bewußtsein erkennen kann, wie das Auge sich selbst sehen kann, ist der *«Hüter an der Schwelle»* in die geistige Welt. Man lernt ihn erkennen in dem Augenblicke, in welchem man er selber nicht nur tatsächlich ist, sondern sich ihm, wie außer ihm stehend, wie ein anderer *gegenüber* stellt.

Wie andere Erlebnisse der übersinnlichen Welten machen auch den «Hüter der Schwelle» die verstärkten, in sich erkrafteten Seelenfähigkeiten schaubar. Denn abgesehen davon, daß die Begegnung mit dem «Hüter» für den hellsichtigen Geistesblick zum Wissen erhoben wird, ist diese Begegnung durchaus nicht ein Ereignis, das etwa nur für den geist-schauend gewordenen Menschen einträte. Genau derselbe Tatbestand, in dem diese Begegnung besteht, tritt für jeden Menschen jedesmal beim

Einschlafen ein, und es dauert das Sich-selbst-Gegenüberstehen, das ganz gleich dem Stehen vor dem «Hüter der Schwelle» ist, so lange als der Schlaf dauert. Im Schlafe erhebt sich die Seele zu ihrer übersinnlichen Wesenheit. Ihre Innenkräfte sind dann aber nicht stark genug, um ein Bewußtsein ihrer selbst hervorzurufen.

Für das Verständnis des übersinnlichen Erlebens, besonders in seinen zarten Anfängen, ist auch von besonderer Wichtigkeit, das seelische Augenmerk darauf zu lenken, daß die Seele bereits begonnen haben kann, Übersinnliches zu erleben, ohne daß sie ein nennenswertes Wissen davon sich zu bilden vermag. Es tritt die Hellsichtigkeit zuerst in sehr zarter Art auf. So, daß man oft in der Erwartung, fast Greifbares zu schauen, der hinhuschenden hellseherischen Eindrücke nicht achtet. Sie durchaus nicht als solche anerkennen will. Sie treten dann so auf, daß sie ihr Vergessen-Werden schon vorbereiten, indem sie auftreten; sie kommen dann so schwach in das Bewußtseinsfeld herein, daß sie wie leichte Seelenwölkchen ganz unbeachtet bleiben. Weil dieses so ist, und weil man zumeist von der Geistes-Anschauung ganz anderes erwartet, als was sie zunächst ist, deshalb wird sie von vielen ernsten Suchern nach der geistigen Welt nicht gefunden. – Auch in dieser Beziehung ist die Begegnung mit dem «Hüter der Schwelle» wichtig. Wenn man die Seele gerade nach der Richtung der Selbsterkenntnis hin erkraftet hat, dann mag diese Begegnung selbst nur wie ein erstes zartes Vorüberhuschen einer geistigen Schau sein; man wird sie doch nicht so leicht dem Vergessen überliefern wie andere übersinnliche Eindrücke, weil man an der eigenen Wesenheit stärker als an anderem interessiert ist. – Es besteht aber durchaus keine Notwendigkeit, daß die Begegnung mit dem «Hüter» zu den ersten übersinnlichen Erlebnissen gehört. Die Erkraftung der Seele kann nach verschiedenen Richtungen hin erfolgen. Die ersten Richtungen, welche die Seele nimmt, können ihr auch vor dieser Begegnung andere Wesenheiten oder Vorgänge in den geistigen Blickekreis führen. Doch aber wird verhältnismäßig bald nach dem Eintritt in die übersinnliche Welt diese Begegnung stattfinden.

VON DEM ICH-GEFÜHL UND VON DER LIEBEFÄHIGKEIT DER MENSCHLICHEN SEELE UND DEREN VERHÄLTNISSEN ZUR ELEMENTARISCHEN WELT

Wenn die Menschenseele bewußt in die elementarische Welt eintritt, so sieht sie sich genötigt, manche Vorstellungen, welche sie innerhalb der Sinneswelt gewonnen hat, zu verändern. Verstärkt die Seele ihre Kräfte entsprechend, so wird sie zu dieser Veränderung auch fähig. Nur wenn sie zurückscheut, diese Verstärkung sich zu erwerben, so kann sie von dem Gefühle befallen werden, beim Eintritte in die elementarische Welt den festen Boden zu verlieren, auf welchem sie ihr inneres Leben aufbauen muß. Die Vorstellungen, welche in der physisch-sinnlichen Welt gewonnen werden, bieten nur so lange ein Hindernis für den Eintritt in die elementarische Welt, als man sie genau so festhalten will, wie man sie in der Sinneswelt gewonnen hat. Es gibt aber keinen anderen Grund für ein solches Festhalten als die *Gewöhnung* der Seele. Es ist auch ganz naturgemäß, daß sich das Bewußtsein, das zunächst *nur* mit der Sinneswelt zusammenlebt, gewöhnt, die Gestalt seiner Vorstellungen für die einzig mögliche zu halten, welche sich an dieser Sinneswelt herausbildet. Und es ist sogar noch mehr als naturgemäß; es ist *notwendig*. Das Seelenleben würde niemals zu seiner inneren Geschlossenheit, zu seiner notwendigen Festigkeit kommen, wenn es nicht in der Sinneswelt ein Bewußtsein entwickelte, das in einer gewissen Beziehung in starren, ihm strenge aufgenötigten Vorstellungen lebte. Durch alles, was das Zusammenleben mit der Sinneswelt der Seele geben kann, ist diese dann in der Lage, in die elementarische Welt so einzutreten, daß sie in dieser ihre Selbständigkeit, ihre in sich geschlossene Wesenheit nicht verliert. Die Verstärkung, die Erkraftung des Seelenlebens muß erworben werden, damit diese Selbständigkeit beim Eintritte in die elementarische Welt nicht nur als unbewußte Seeleneigenschaft vorhanden ist, sondern auch im Bewußtsein klar festgehalten werden kann. Ist die Seele zu schwach für das bewußte Erleben der elementarischen Welt, so entschwindet ihr beim Eintritte die Selbständigkeit, wie ein Gedanke entschwindet, der zu schwach der Seele eingeprägt ist, um in deutlicher Erinnerung fortzuleben. In Wahrheit kann dann die Seele überhaupt nicht in die übersinnliche Welt mit ihrem Bewußtsein eintreten. Sie wird von jener Wesenheit, die in ihr lebt, und welche als der «Hüter der Schwelle» bezeichnet werden kann, immer wieder in die Sinneswelt zurückgeworfen, wenn sie den Versuch macht, in die übersinnliche Welt zu kommen. Und hat sie dabei doch an dieser Welt gleichsam genascht, so daß sie nach dem Zurücksinken in die Sinneswelt etwas von der übersinnlichen Welt im Bewußtsein zurückbehält, so wird durch eine solche Beute aus einem anderen Bereich oftmals Verworrenheit des Vorstellungslebens bewirkt. – Es ist ganz unmöglich, in eine solche Verworrenheit zu verfallen, wenn ganz besonders die gesunde Urteilskraft, wie sie in der Sinneswelt erworben werden kann, in entsprechender Art gepflegt wird. – Durch solches Erkraften der Urteilsfähigkeit wird das richtige Verhältnis der Seele zu den Vorgängen und Wesenheiten der übersinnlichen Welten entwickelt. Um in diesen Welten bewußt zu leben, ist nämlich ein Trieb der Seele notwendig, welcher in der Sinneswelt nicht in der Stärke zur Entfaltung kommen kann, in welcher er in den übersinnlichen Welten auftritt. Es ist der Trieb der *Hingabe* an dasjenige, was man erlebt. Man muß in dem Erlebnis untertauchen, man muß *eins* mit ihm werden können; man muß dies bis zu einem solchen Grade können, daß man sich außerhalb seiner eigenen Wesenheit erschaut und in der anderen Wesenheit drinnen fühlt. Es findet eine *Verwandlung* der eigenen Wesenheit in die andere statt, mit welcher man das Erlebnis hat. Wenn man diese Verwandlungsfähigkeit nicht hat, so kann man in den übersinnlichen Welten nichts Wahrhaftiges erleben. Denn alles Erleben beruht darauf, daß man sich zum Bewußtsein bringt: jetzt bist du in «dieser bestimmten Art» verwandelt, also bist du lebensvoll mit einem Wesen zusammen, das durch seine Natur die deinige in «dieser» Weise umwandelt. Dieses Sich-Umwandeln, dieses Einfühlen in andere Wesenheiten ist das Leben in den übersinnlichen Welten. Durch dieses Einleben lernt man die Wesenheiten und Vorgänge dieser Welten kennen. Man bemerkt auf diese Art, wie man mit der einen Wesenheit in dieser oder jener Art verwandt ist, wie man einer anderen durch seine eigene Natur ferner steht. Abstufungen von Seelenerlebnissen treten auf, die man – besonders für die elementarische Welt –

als Sympathien und Antipathien bezeichnen muß. Man erfühlt sich zum Beispiel durch das Zusammentreffen mit einer Wesenheit oder einem Vorgange der elementarischen Welt so, daß in der Seele ein Erlebnis auftaucht, das man als Sympathie bezeichnen kann. In diesem Sympathie-Erlebnis erkennt man die Natur des elementarischen Wesens oder Vorgangs. Nur soll man sich nicht vorstellen, daß die Erlebnisse der Sympathie und Antipathie bloß in bezug auf ihre Stärke, ihren Grad in Betracht kommen. Bei den Sympathie- und Antipathie-Erlebnissen in der physisch-sinnlichen Welt ist es ja in einem gewissen Sinne so, daß man *nur* von einer stärkeren oder schwächeren Sympathie beziehungsweise Antipathie spricht. In der elementarischen Welt sind die Sympathien und Antipathien nicht nur durch ihre Stärke zu unterscheiden, sondern so, wie zum Beispiel in der sinnlichen Welt die Farben voneinander zu unterscheiden sind. Wie man eine vielfarbige Sinneswelt hat, so kann man eine vielartig-sympathische oder -antipathische elementarische Welt erleben. Auch dies kommt dabei noch in Betracht, daß «antipathisch» für das Reich des Elementarischen *nicht* den Beigeschmack hat, daß man sich von ihm innerlich abwendet; man muß da mit antipathisch einfach eine Eigenschaft des elementarischen Wesens oder Vorgangs bezeichnen, die zu einer sympathischen Eigenschaft eines anderen Vorganges oder Wesens sich ähnlich verhält, wie etwa in der Sinneswelt die blaue zu der roten Farbe.

Man könnte von einem «Sinne» sprechen, den der Mensch für die elementarische Welt in seinem ätherischen Leibe zu erwecken vermag. Dieser Sinn ist fähig, Sympathien und Antipathien in der elementarischen Welt wahrzunehmen, wie in der Sinneswelt das Auge Farben, das Ohr Töne wahrnimmt. Und wie in der Sinneswelt der eine Gegenstand rot, der andere blau ist, so sind die Wesenheiten der elementarischen Welt so, daß die eine diese Art von Sympathie, die andere jene Art von Antipathie in die Geistesschau hereinstrahlt.

Dieses Erleben der elementarischen Welt durch Sympathien und Antipathien ist wieder nicht etwas, was nur für die übersinnlich erwachte Seele entsteht; es ist für jede Menschenseele *immer* vorhanden; es gehört zum Wesen der Menschenseele. Für das gewöhnliche Seelenleben ist nur das Wissen von dieser Wesenheit des Menschen nicht ausgebildet. Der Mensch trägt in sich seinen ätherischen Leib; und durch diesen hängt er hundertfältig mit Wesenheiten und Vorgängen der elementarischen Welt zusammen. In dem einen Augenblick seines Lebens ist er in einer gewissen Art mit Sympathien und Antipathien in die elementarische Welt hineinverwoben; in einem anderen Augenblicke in einer anderen Art.

Nun kann aber die Seele nicht fortwährend als ätherische Wesenheit so leben, daß in ihr die Sympathien und Antipathien in deutlich ausgesprochener Art wirksam sind. Wie im Sinnessein der Wachzustand mit dem Schlafzustand abwechseln muß, so muß in der elementarischen Welt dem Erleben der Sympathien und Antipathien ein anderer Zustand entgegenstehen. Die Seele kann sich allen Sympathien und Antipathien entziehen und in sich selbst nur *sich* erleben, nur ihr eigenes Sein beachten, erfühlen. Ja, dieses Erfühlen kann eine solche Stärke erreichen, daß man von einem «Wollen» der eigenen Wesenheit sprechen kann. Es handelt sich da um einen Zustand des Seelenlebens, den man deshalb nicht leicht schildern kann, weil er in seiner reinen, ureigenen Natur von solcher Art ist, daß ihm in der Sinneswelt nichts anderes ähnlich ist als das starke, reine Ich- oder Selbstgefühl der Seele. Für die elementarische Welt kann man den Zustand so schildern, daß man sagt, die Seele fühle gegenüber der notwendigen Hingabe an die Sympathie- und Antipathie-Erlebnisse den Trieb, sich zu sagen: ich *will* auch ganz *nur* für mich; nur *in mir* sein. Und durch eine Art *Willensentfaltung* entreißt sich die Seele dem Zustande der Hingabe an die elementarischen Sympathie- und Antipathie-Erlebnisse. Für die elementarische Welt ist dieses In-sich-Leben gewissermaßen der Schlafzustand; während die Hingabe an die Vorgänge und Wesenheiten der Wachzustand ist. – Wenn die Menschenseele in der elementarischen Welt wach ist und den Willen zu dem Sich-Erleben entwickelt, also das Bedürfnis nach dem «elementarischen Schlaf» empfindet, so kann ihr dieser werden, indem sie in den Wachzustand des Sinnenerlebens mit vollentwickeltem Selbstgefühl zurücktritt. Denn dieses vom Selbstgefühl durchtränkte Erleben in der Sinneswelt ist eben der elementarische Schlaf. Er besteht in dem Losreißen der Seele von den elementarischen Erlebnissen. Es ist wörtlich richtig, daß für das übersinnliche Bewußtsein das Leben der Seele in der Sinneswelt ein geistiges Schlafen ist.

Wenn in der *richtig entwickelten* menschlichen Geistes-Schau das Erwachen in der übersinnlichen Welt eintritt, so bleibt die Erinnerung an die Erlebnisse der Seele in der Sinneswelt vorhanden. Diese Erinnerung muß vorhanden bleiben, sonst wären in dem hellsichtigen Bewußtsein wohl die anderen Wesenheiten und Vorgänge vorhanden, nicht aber die eigene Wesenheit. Man hätte dann kein Wissen von sich; man lebte nicht selbst geistig; es lebten in der Seele die anderen Wesenheiten und Vorgänge. Man wird, dies bedenkend, begreiflich finden, daß die richtig entwickelte Hellsichtigkeit einen großen Wert legen muß auf die Ausbildung des starken «Ich-Gefühls». Man entwickelt in diesem Ich-Gefühl mit der Hellsichtigkeit durchaus nicht etwas, was erst durch die Hellsichtigkeit in die Seele kommt; man lernt eben nur dasjenige erkennen, was in den Seelentiefen immer vorhanden ist, aber für das gewöhnliche, in der Sinneswelt verlaufende Seelenleben unbewußt bleibt.

Das starke «Ich-Gefühl» ist *nicht* durch den ätherischen Leib als solchen vorhanden, sondern durch die Seele, welche sich in dem physisch-sinnlichen Leib erlebt. Bringt es die Seele nicht von ihrem Erleben in der Sinneswelt in den hellsichtigen Zustand hinein mit, so wird sich ihr zeigen, daß sie für das Erleben in der elementarischen Welt nicht zureichend gerüstet ist.

Es ist dem menschlichen Bewußtsein innerhalb der Sinneswelt wesentlich, daß das Selbstgefühl der Seele (ihr Ich-Erleben), trotzdem es vorhanden sein muß, abgedämpft ist. Dadurch hat die Seele die Möglichkeit, innerhalb der Sinneswelt die Schulung für die edelste sittliche Kraft, für das *Mitgefühl* zu erleben. Ragte das starke Ich-Gefühl in die bewußten Erlebnisse der Seele innerhalb der Sinneswelt hinein, so könnten sich die sittlichen Triebe und Vorstellungen nicht in der richtigen Weise entwickeln. Sie könnten nicht die Frucht der *Liebe* hervorbringen. Die Hingabe, dieser naturgemäße Trieb der elementarischen Welt, ist nicht dem gleich zu achten, was man im menschlichen Erleben als Liebe bezeichnet. Die elementarische Hingabe beruht auf einem *Sich*-Erleben in dem anderen Wesen oder Vorgang; die *Liebe* ist ein Erleben des andern in der eigenen Seele. Um dies Erleben zur Entfaltung zu bringen, muß in der Seele über das in ihren Tiefen vorhandene Selbstgefühl (Ich-Erlebnis) gewissermaßen ein Schleier gezogen sein; und in der Seele, welche in bezug auf ihre eigenen Kräfte abgedämpft ist, ersteht dadurch das In-sich-Fühlen der Leiden und Freuden des anderen Wesens;

es erkeimt die Liebe, aus der echte Sittlichkeit im Menschenleben erwächst. Die Liebe ist für den Menschen die bedeutsamste Frucht des Erlebens in der Sinneswelt. Durchdringt man das Wesen der Liebe, des Mitgefühls, so findet man in diesen die Art, wie das Geistige in der Sinneswelt sich in seiner Wahrheit auslebt. Es ist hier gesagt worden, daß es zum Wesen des Übersinnlichen gehört, sich in ein anderes zu verwandeln. Wenn das Geistige im sinnlich-physisch lebenden Menschen sich so verwandelt, daß es das Ich-Gefühl abdämpft und als Liebe auflebt, so bleibt dieses Geistige seinen eigenen elementarischen Gesetzen treu. Man kann sagen, daß mit dem übersinnlichen Bewußtsein die Menschenseele in der geistigen Welt aufwacht; man muß ebenso sagen, *daß in der Liebe das Geistige innerhalb der Sinneswelt aufwacht*. Wo Liebe, wo Mitgefühl sich regen im Leben, vernimmt man den Zauberhauch des die Sinneswelt durchdringenden Geistes. – Deshalb kann niemals die richtig entwickelte Hellsichtigkeit das Mitgefühl, die Liebe abstumpfen. Je richtiger die Seele sich in die geistigen Welten einlebt, desto mehr empfindet sie die Lieblosigkeit, den Mangel an Mitgefühl als eine Verleugnung des Geistes selbst. –

Die Erfahrungen des schauend werdenden Bewußtseins zeigen in bezug auf das Vorgesagte ganz besondere Eigentümlichkeiten. Während das Ich-Gefühl – das aber für das Erleben in den übersinnlichen Welten notwendig ist – leicht sich abdämpft, oft sich wie ein schwacher, verlöschender Erinnerungsgedanke verhält, werden Gefühle des Hasses, der Lieblosigkeit, werden unsittliche Triebe zu starken Seelenerlebnissen gerade nach dem Eintritte in die übersinnliche Welt; sie stellen sich vor die Seele wie lebendig gewordene Vorwürfe hin, werden gräßlich wirkende Bilder. Um dann von diesen Bildern nicht gequält zu sein, greift das übersinnliche Bewußtsein oft zu dem Auskunftsmittel, sich nach geistigen Kräften umzusehen, welche die Eindrücke dieser Bilder abschwächen. Damit aber durchdringt sich die Seele mit diesen Kräften, welche verderblich wirken auf die erworbene Hellsichtigkeit. Sie treiben diese von den guten Gebieten der geistigen Welt ab und lenken sie zu den schlechten hin.

Auf der anderen Seite sind die wahrhaftige Liebe, das rechte Wohlwollen der Seele auch solche Seelen-Erlebnisse, welche die Kräfte des Bewußtseins in dem Sinne verstärken, wie es für den Eintritt in die Hellsichtigkeit notwendig ist. Wenn davon gesprochen wird, daß die Seele eine Vorbereitung braucht, bevor sie in der übersinnlichen Welt Erfahrungen machen kann, so darf hinzugefügt werden, daß zu den mannigfaltigen Vorbereitungsmitteln auch die wahre Liebefähigkeit, die Neigung für echtes menschliches Wohlwollen und Mitgefühl gehören.

Ein übermäßig entwickeltes Ich-Gefühl in der Sinneswelt wirkt der Sittlichkeit entgegen. Ein Ich-Gefühl, welches zu schwach entwickelt ist, bewirkt, daß die Seele, die tatsächlich von den Stürmen der elementarischen Sympathien und Antipathien umkraftet ist, der inneren Sicherheit und Geschlossenheit entbehrt. Diese können nur vorhanden sein, wenn in den ätherischen Leib, der dem gewöhnlichen Leben unbewußt bleibt, ein genügend starkes Ich-Gefühl von dem sinnlich-physischen Erleben aus hineinwirkt. Zur Entwickelung einer echt sittlichen Seelenstimmung ist aber notwendig, daß dieses Ich-Gefühl, obwohl es vorhanden sein muß, doch abgedämpft wird durch die Neigungen zu Mitgefühl und Liebe.

VON DER GRENZE ZWISCHEN DER SINNESWELT UND DEN ÜBERSINNLICHEN WELTEN

Für die Erkenntnis des Verhältnisses der verschiedenen Welten kommt in Betracht, daß eine Kraft, die in einer Welt eine dem Sinne der Weltenordnung gemäße Wirkung entfalten muß, sich dann *gegen* diese Weltenordnung richten kann, wenn sie in einer anderen Welt zur Entfaltung kommt. So ist es für die Wesenheit des Menschen notwendig, daß in seinem ätherischen Leibe die zwei Gegenkräfte vorhanden sind: die Verwandlungsfähigkeit in andere Wesenheiten und das starke Ich- oder Selbstgefühl. Beide Kräfte der menschlichen Seele können nicht ohne Abdämpfung von der Seele im Sinnessein zur Entfaltung gebracht werden. In der elementarischen Welt sind sie so vorhanden, daß sie durch ihren gegenseitigen Ausgleich die menschliche Wesenheit möglich machen, wie Schlaf und Wachen in der Sinneswelt das menschliche Leben möglich machen. Es könnte das Verhältnis zweier solcher Gegenkräfte nie so sein, daß die eine die andere auslöscht, sondern es muß so sein, daß beide zur Entwickelung kommen und ausgleichend aufeinander wirken. – Nun können Ich-Gefühl und Verwandlungsfähigkeit nur in der elementarischen Welt aufeinander in der angedeuteten Art wirken; in die Sinneswelt hinein kann nur das im Sinne der Weltenordnung wirken, was aus beiden Kräften in ihrem gegenseitigen Verhältnis und Zusammenwirken sich ergibt. Wenn der Grad von Verwandlungsfähigkeit, welchen ein Mensch in seinem ätherischen Leibe haben *muß,* in das Sinnessein hineinwirkte, so würde der Mensch seelisch sich als etwas fühlen, was er in Gemäßheit seines physischen Leibes nicht ist. Der physische Leib gibt dem Menschen in der Sinneswelt eine feste Prägung, durch die er als ein bestimmtes persönliches Wesen in diese Welt hineingestellt ist. So ist er mit seinem ätherischen Leibe nicht in die elementarische Welt hineingestellt. In dieser muß er, um in vollem Sinne Mensch sein zu können, die mannigfaltigsten Formen annehmen können. Wäre ihm dieses unmöglich, so wäre er in der elementarischen Welt zur völligen Einsamkeit verdammt; er könnte von nichts als nur von sich selber etwas wissen; er fühlte sich mit keinem Wesen und keinem Vorgange verwandt. Dies aber wäre für diese Welt gleichbedeutend damit, daß die entsprechenden Wesen und Vorgänge für einen solchen Menschen nicht vorhanden wären. – Brächte aber die Menschenseele in der Sinneswelt die ihr für die elementarische Welt notwendige Verwandlungsfähigkeit zur Entwickelung, so ginge ihr die persönliche Wesenheit verloren. Eine solche Seele lebte im Widerspruch mit sich selbst. Es muß für die physische Welt die Verwandlungsfähigkeit eine in den Seelentiefen ruhende Kraft sein; eine Kraft, welche der Seele ihre Grundstimmung gibt, die aber nicht in der Sinneswelt zur Entfaltung kommt. – Das übersinnliche Bewußtsein muß sich in die Verwandlungsfähigkeit hineinleben; es könnte, wenn es dazu nicht imstande wäre, keine Beobachtungen in der elementarischen Welt machen. So eignet sich das übersinnliche Bewußtsein eine Fähigkeit an, die es nur zur Anwendung bringen soll, solange es in der elementarischen Welt sich weiß; die es aber unterdrücken muß, sobald es wieder in die Sinneswelt zurückkehrt. Es muß das übersinnliche Bewußtsein stets die *Grenze* der beiden Welten beachten; es muß mit Fähigkeiten, welche einer übersinnlichen Welt angemessen sind, sich nicht in der Sinneswelt betätigen. Ließe die Seele, wenn sie in der Sinneswelt sich weiß, die Verwandlungsfähigkeit ihres ätherischen Leibes fortwirken, so würde sich das gewöhnliche Bewußtsein erfüllen mit Vorstellungen, welche in der Sinneswelt keiner Wesenheit entsprechen. Die Seele käme in die Verworrenheit des Vorstellungslebens hinein. Die Beachtung der *Grenze* zwischen den Welten ist eine notwendige Voraussetzung für die richtige Wirkung des übersinnlichen Bewußtseins. – Wer das übersinnliche Bewußtsein erreichen will, muß darauf bedacht sein, daß sich durch das Wissen von übersinnlichen Welten nichts Störendes in sein gewöhnliches Bewußtsein einschleiche. – Lernt man den «Hüter der Schwelle» kennen, so weiß man dadurch, wie es mit der Seele in der Sinneswelt steht, wie stark sie ist, um aus dem sinnlich-physischen Bewußtsein dasjenige zu verbannen, was in ihm nicht wirksam sein darf von Kräften und Fähigkeiten der übersinnlichen Welten. Tritt man ohne die durch den «Hüter der Schwelle» vermittelte Selbsterkenntnis in die übersinnliche Welt ein, so kann man von den Erlebnissen dieser Welt überwältigt werden. Diese Erlebnisse können sich als illusionäre Bilder in das physisch-sinnliche Bewußtsein hereindrängen. Sie nehmen dann den Charakter von Sinneswahrnehmungen an;

und die notwendige Folge davon ist, daß die Seele sie für Wirklichkeit hält, was sie nicht sind. Die richtig entwickelte Hellsichtigkeit wird niemals die Bilder der elementarischen Welt in dem Sinne für Wirklichkeit halten, wie das physisch-sinnliche Bewußtsein die Erlebnisse der Sinneswelt für Wirklichkeit halten muß. Die Bilder der elementarischen Welt werden durch die Verwandlungsfähigkeit der Seele erst mit der Wirklichkeit, der sie entsprechen, in den richtigen Zusammenhang gebracht.

Auch die zweite, dem ätherischen Leib notwendige Kraft – das starke Ichgefühl – darf nicht in das Leben der Seele innerhalb der Sinneswelt so hereinragen, wie sie der elementarischen Welt angemessen ist. Wenn sie es doch tut, so wird sie in der Sinneswelt zum Quell der unsittlichen Neigungen, insoferne diese mit dem Egoismus zusammenhängen. – Die Geisteswissenschaft findet an diesem Punkte ihrer Weltbetrachtung den Ursprung des «Bösen» im menschlichen Handeln. Es hieße die Weltordnung verkennen, wenn man sich dem Glauben hingäbe, daß diese Weltordnung auch ohne die Kräfte bestehen könne, welche den Quell des Bösen bilden. Wären diese Kräfte nicht vorhanden, so könnte die ätherische Wesenheit des Menschen in der elementarischen Welt nicht zur Entwickelung kommen. Diese Kräfte sind durchaus gute Kräfte, wenn sie *nur* in der elementarischen Welt zur Wirksamkeit kommen; sie bringen das Böse dadurch zustande, daß sie nicht in den Seelentiefen in Ruhe verbleiben und dort das Verhältnis des Menschen zur elementarischen Welt regeln, sondern daß sie in das Erleben der Seele innerhalb der Sinneswelt versetzt werden und sich dadurch in Triebe des Egoismus verwandeln. Sie wirken dann der Liebefähigkeit entgegen und werden eben dadurch die Ursprünge des unsittlichen Handelns.

Geht das starke Ich-Gefühl von dem ätherischen Leib in den physischen über, so bewirkt dies nicht nur eine Verstärkung des Egoismus, sondern auch eine *Schwächung* des ätherischen Leibes. Das übersinnliche Bewußtsein muß die Entdeckung machen, daß beim Eintritte in die übersinnliche Welt das notwendige Ich-Gefühl um so schwächer ist, je stärker der Egoismus im Erleben innerhalb der Sinneswelt ist. Der Egoismus macht den Menschen in seinen Seelentiefen nicht stark, sondern schwach. – Und wenn der Mensch durch die Pforte des Todes schreitet, so tritt die Wirkung des Egoismus, welcher in dem Leben zwischen Geburt und Tod entwickelt worden ist, so ein, daß dieser die Seele schwach für die Erlebnisse der übersinnlichen Welt macht.

Tritt die Seele mit übersinnlichem Bewußtsein in die übersinnliche Welt ein, so lernt sie sich in dieser in einer Art kennen, von welcher sie in der Sinneswelt keine Vorstellung haben kann. Sie findet, daß sie durch ihre Verwandlungsfähigkeit Wesen erkennen lernt, die mit ihr einen größeren oder geringeren Grad von Verwandtschaft haben; sie wird aber auch gewahr, daß sie in der übersinnlichen Welt Wesen antrifft, mit welchen sie nicht nur verwandt ist, sondern mit denen sie sich auch vergleichen muß, um sich kennenzulernen. Und sie macht weiter die Beobachtung, daß diese Wesen in den übersinnlichen Welten das geworden sind, was sie selbst durch ihre Erlebnisse und Erfahrungen in der Sinneswelt geworden ist. In der elementarischen Welt treten der Menschenseele Wesen entgegen, welche innerhalb *dieser* Welt Kräfte und Fähigkeiten entwickelt haben, die der Mensch selbst nur dadurch entfalten kann, daß er außer seinem ätherischen Leibe und den anderen übersinnlichen Gliedern seiner Wesenheit noch den physischen Leib an sich trägt. Die Wesen, auf welche hier hingedeutet wird, haben keinen solchen physisch-sinnlichen Leib. Sie haben sich so entwickelt, daß sie durch ihren ätherischen Leib eine Seelenwesenheit haben, welche der Mensch durch den physischen Leib hat. Trotzdem sie bis zu einem gewissen Grade mit dem Menschen gleichartige Wesenheiten sind, unterscheiden sie sich von ihm dadurch, daß sie den Bedingungen der Sinneswelt nicht unterworfen sind. Sie haben keine Sinne von der Art, wie der Mensch sie hat. Ihr Wissen gleicht dem menschlichen Wissen; aber sie haben es nicht durch Sinne erworben, sondern durch eine Art Aufsteigen ihrer Vorstellungen und ihrer anderen Seelenerlebnisse aus den Tiefen ihrer Wesenheit. Es ist ihr Innenleben gleichsam in sie gelegt; und sie holen es aus ihren Seelentiefen herauf, wie der Mensch seine Erinnerungsvorstellungen aus seinen Seelentiefen heraufholt.

Der Mensch lernt auf diese Art Wesen kennen, welche innerhalb der übersinnlichen Welt das geworden sind, was er innerhalb der Sinneswelt werden kann. In dieser Beziehung stehen diese Wesen in der Weltenordnung um eine Stufe höher als der Mensch, trotzdem sie mit ihm in der angedeuteten Weise gleichgeartet genannt werden können. Sie bilden ein über dem Menschen stehendes Wesensreich, eine über ihm in der Stufenfolge der Wesen stehende Hierarchie. Ihr ätherischer Leib ist – trotz der Gleichartigkeit – von dem ätherischen Leibe des Menschen verschieden. Während der Mensch durch die Sympathien und Antipathien seines ätherischen Leibes in den übersinnlichen Lebensleib der Erde einverwoben ist, sind diese Wesenheiten mit ihrem Seelenleben nicht an die Erde gebunden. –

Beobachtet der Mensch, was diese Wesenheiten durch ihren ätherischen Leib erleben, so findet er, daß sie ähnliche Erlebnisse haben wie er in seiner Seele. Sie haben ein Denken; sie haben Gefühle und einen Willen. Aber sie entwickeln durch den ätherischen Leib etwas, was der Mensch nur durch den physischen Leib entwickeln kann. Sie kommen durch ihren ätherischen Leib zu einem Bewußtsein von ihrer eigenen Wesenheit. Der Mensch würde von einer übersinnlichen Wesenheit nichts wissen können, wenn er nicht das, was er an Kräften im physisch-sinnlichen Leib erwirbt, hinauftrüge in die übersinnlichen Welten. – Das übersinnliche Bewußtsein lernt diese Wesenheiten dadurch kennen, daß es zur Fähigkeit wird, mit Hilfe des ätherischen Menschenleibes zu beobachten. Es hebt dieses übersinnliche Bewußtsein die Menschenseele in die Welt hinauf, in welcher diese Wesenheiten ihren Wohnplatz und ihr Wirkensfeld haben. Erst wenn die Seele in dieser Welt sich selbst erlebt, treten in ihrem Bewußtsein Bilder (Vorstellungen) auf, welche eine Erkenntnis von diesen Wesen vermitteln. Denn *diese* Wesenheiten greifen nicht unmittelbar in die physische Welt und damit auch nicht in den physisch-sinnlichen Menschenleib ein. Sie sind für die Erlebnisse, welche durch diesen Leib gemacht werden können, nicht vorhanden. Sie sind geistige (übersinnliche) Wesen, welche die Sinneswelt gewissermaßen nicht betreten. – Wenn der Mensch die Grenze zwischen sinnlicher und übersinnlicher Welt nicht beachtet, dann kann es geschehen, daß er in sein physisch-sinnliches Bewußtsein übersinnliche Bilder hereindrängt, welche nicht der wahre Ausdruck für diese Wesenheiten sind. Diese Bilder entstehen durch ein Erleben der luziferischen und ahrimanischen Wesenheiten, welche zwar gleichartig sind mit den eben beschriebenen übersinnlichen Wesenheiten, die aber im Gegensatze zu ihnen ihren Wohnplatz und ihr Wirkensfeld in die Welt verlegt haben, welche der Mensch als Sinneswelt wahrnimmt.

Wenn der Mensch durch das übersinnliche Bewußtsein die luziferischen und ahrimanischen Wesenheiten von der übersinnlichen Welt aus betrachtet, nachdem er durch das Erlebnis mit dem «Hüter der Schwelle» die Grenze zwischen dieser Welt und dem Sinnessein richtig beachten gelernt hat, dann lernt er diese Wesen in ihrer Wahrheit kennen. Er lernt sie unterscheiden von den anderen geistigen Wesenheiten, welche innerhalb des ihrer Natur angemessenen Wirkensfeldes verblieben sind. Von diesem Gesichtspunkte aus muß die Geisteswissenschaft die luziferischen und ahrimanischen Wesenheiten schildern. Von den luziferischen Wesen zeigt sich dann, daß ihr ihnen angemessenes Wirkensfeld nicht die physisch-sinnliche, sondern in einer gewissen Beziehung die elementarische Welt ist. Wenn in die menschliche Seele das eindringt, was sich innerhalb dieser Welt wie aus deren Fluten als Bilder erhebt, und diese Bilder in dem ätherischen Leibe des Menschen belebend wirken, ohne daß sie ein illusionäres Dasein in der Seele annehmen: so kann in diesen Bildern das luziferische Wesen vorhanden sein, ohne daß seine Taten gegen die Weltordnung verstoßen. Es wirkt dieses luziferische Wesen dann *befreiend* auf die Menschenseele; es erhebt dieselbe über das bloße Verwobensein mit der Sinneswelt. Wenn aber die Menschenseele das Leben, das sie *nur* in der elementarischen Welt entfalten sollte, in die physisch-sinnliche Welt hereinzieht, wenn sie das Fühlen innerhalb des physischen Leibes beeinflußt sein läßt von Antipathien und Sympathien, die nur in dem ätherischen Leibe walten sollten, dann gewinnt das luziferische Wesen durch diese Seele einen Einfluß, der sich gegen die allgemeine Weltenordnung auflehnt. Es ist dieser Einfluß überall da vorhanden, wo in den Sympathien und Antipathien der Sinneswelt etwas anderes wirkt als jene Liebe, welche auf dem Mitfühlen des Lebens eines anderen in der Sinneswelt vorhandenen Wesens beruht. Ein solches Wesen kann geliebt werden, weil es dem Liebenden mit diesen oder jenen Eigenschaften entgegentritt, dann wird in die Liebe sich nichts von luziferischem Elemente einmischen können. Liebe, die ihren Grund in den im Sinnensein zutage tretenden Eigenschaften des geliebten Wesens hat, hält sich von luziferischem Einschlage fern. Liebe, die ihren Grund nicht in dieser Art in dem geliebten Wesen hat, sondern in dem, welches liebt, neigt zu dem luziferischen Einfluß hin. Ein Wesen, das man liebt, weil es Eigenschaften hat, zu denen man als Liebender seiner Natur nach neigt, liebt man mit dem Teil der Seele, welcher dem luziferischen Elemente zugänglich ist. – Man sollte daher niemals sagen, das luziferische Element sei unter allen Umständen etwas Böses. Denn die Vorgänge und Wesenheiten der übersinnlichen Welten muß die Menschenseele im Sinne des luziferischen Elementes lieben. Gegen die Weltordnung wird erst verstoßen, wenn man die Art von Liebe, mit der man sich zu dem Übersinnlichen hingezogen fühlen sollte, auf das Sinnliche richtet. Die Liebe zum Übersinnlichen ruft mit Recht in dem Liebenden ein erhöhtes Selbstgefühl hervor; die Liebe, die in der Sinneswelt um eines solchen erhöhten Selbstgefühles willen gesucht wird, entspricht einer luziferischen Verlockung. Die Liebe zum Geistigen wirkt, wenn sie um des Selbstes willen gesucht wird, *befreiend;* die Liebe zum Sinnlichen wirkt, wenn sie wegen des Selbstes angestrebt wird, nicht befreiend; sondern sie führt durch die Befriedigung, welche durch sie erzielt wird, Fesseln für das Selbst herbei.

Die ahrimanischen Wesenheiten machen sich so für die denkende Seele geltend wie die luziferischen für die fühlende. Sie fesseln das Denken an die Sinneswelt. Sie lenken es von der Tatsache ab, daß alle Gedanken nur eine Bedeutung haben, wenn sie als ein Teil der großen Gedankenordnung der Welt sich geltend machen, welche in dem Sinnessein nicht gefunden werden kann. In der Welt, in welche das menschliche Seelenleben eingewoben ist, muß das ahrimanische Element als notwendiges Gegengewicht gegen das luziferische vorhanden sein. Ohne das luziferische Element würde die Seele ihr Leben in den Beobachtungen des sinnlichen Daseins verträumen und keinen Antrieb empfinden, sich über dasselbe zu erheben. Ohne die Gegenwirkung des ahrimanischen Elementes würde die Seele dem luziferischen verfallen; sie würde die Bedeutung der Sinneswelt gering achten, trotzdem sie innerhalb derselben einen Teil ihrer notwendigen Daseinsbedingungen hat. Sie würde von der Sinneswelt nichts wissen wollen. Das ahrimanische Element hat dann in der Menschenseele die rechte Bedeutung, wenn es zu einem Einleben in die Sinneswelt führt, welches dieser Welt entspricht. Wenn man diese nimmt als das, was sie ist, und sie auch entbehren kann in alledem, was an ihr vermöge ihrer Natur vorübergehend sein muß. – Es ist ganz unmöglich zu sagen, man wolle dem luziferischen und ahrimanischen Elemente dadurch nicht verfallen, daß man sie in sich ausrottet. Man könnte zum Beispiel, wenn man das luziferische Element in sich ausrottete, mit seiner Seele nicht mehr zum Übersinnlichen hin streben; man könnte, wenn man das ahrimanische Element ausrottete, nicht mehr der Sinneswelt in ihrer vollen Bedeutung gerecht werden. Man bringt sich zu dem einen dieser Elemente in das richtige Verhältnis, wenn man ihm das rechte Gegengewicht in dem anderen schafft. Alle schädlichen Wirkungen dieser Weltenwesenheiten rühren allein davon her, daß sie da oder dort unumschränkt zur Geltung kommen und nicht durch die entgegengesetzte Kraft in die richtige Harmonie gebracht sind.

VON GEISTIGEN WELTWESENHEITEN

Wenn das hellsichtige Bewußtsein in der elementarischen Welt auflebt, dann findet es dort Wesenheiten, welche in derselben ein Leben entfalten können, das sich der Mensch nur innerhalb der Sinneswelt erwirbt. Diese Wesen erfühlen ihr Selbst – ihr Ich – nicht so, wie der Mensch es in der Sinneswelt erfühlt; sie durchdringen dieses Selbst viel mehr als der Mensch mit ihrem *Wollen; sie wollen sich.* Sie empfinden ihr Dasein als etwas, das sie sich durch ihren Willen selbst geben. Dagegen haben sie ihrem Denken gegenüber nicht das Gefühl, daß sie ihre Gedanken hervorbringen, wie sie der Mensch hervorbringt; sie fühlen alle ihre Gedanken als Eingebungen, als etwas, was nicht in ihnen, sondern in der Welt ist, und das aus der Welt in ihr Wesen hereinstrahlt. So kann für diese Wesen niemals ein Zweifel darüber entstehen, daß ihre Gedanken das Spiegelbild der über die Welt ausgegossenen Gedankenordnung sind. Sie denken nicht *ihre* Gedanken; sie *denken die Weltgedanken.* Mit ihrem Denken leben diese Wesenheiten in den Weltgedanken; aber sie wollen sich selbst. Ihr Gefühlsleben ist diesem ihrem Wollen und Denken gemäß gestaltet. Sie fühlen sich als Glied des Weltganzen; und sie fühlen die Notwendigkeit, sich so zu wollen, wie es diesem Weltganzen entspricht. –

Wenn sich die geistschauende Seele in die Welt dieser Wesen einlebt, dann kommt sie zur naturgemäßen Vorstellung ihres eigenen Denkens, Fühlens und Wollens. Diese menschlichen Seelenfähigkeiten könnten innerhalb der elementarischen Welt im ätherischen Menschenleib nicht zur Entfaltung kommen. Das menschliche Wollen würde in der elementarischen Welt nur eine schwache, traumhafte Kraft bleiben; das menschliche Denken eine verschwimmende, hinhuschende Vorstellungswelt. Ein Ich-Gefühl käme da überhaupt nicht zum Dasein. Zu alledem ist für den Menschen das Umkleidetsein mit dem physischen Leibe notwendig.

Wenn die hellsichtige Menschenseele aus der elementarischen in die eigentliche Geisteswelt aufsteigt, so erlebt sie sich in Bedingungen, die noch weiter abstehen von denjenigen der Sinneswelt als die elementarischen. In der Elementenwelt erinnert noch manches an die Sinneswelt. In der geistigen Welt steht man vor völlig neuen Verhältnissen. Man kann da nichts anfangen, wenn man nur die Vorstellungen hat, welche man in der Sinneswelt gewinnen kann. Dennoch muß man als Menschenseele in der Sinneswelt das Innenleben so verstärken, daß man aus dieser Welt in die geistige das hinüberbringt, was den Aufenthalt in derselben möglich macht. Brächte man ein also verstärktes Seelenleben nicht in die Geisteswelt mit, so würde man in derselben einfach der Bewußtlosigkeit verfallen. Man könnte dann in derselben nur so gegenwärtig sein, wie etwa eine Pflanze in der Sinneswelt gegenwärtig ist. Man muß in die geistige Welt als Menschenseele alles dasjenige mitbringen, was in der Sinneswelt nicht vorhanden ist, was sich jedoch innerhalb derselben als vorhanden bezeugt. Man muß sich in der Sinneswelt Vorstellungen bilden können, zu welchen diese wohl anregt, die aber keinem Dinge oder Vorgange in derselben unmittelbar entsprechen. Alles, was dieses oder jenes Ding in der Sinneswelt abbildet, oder was diesen oder jenen sinnlichen Vorgang schildert, ist bedeutungslos in der geistigen Welt. Was man mit Sinnen wahrnehmen könnte, was man mit den Begriffen belegen könnte, die sich in der Sinneswelt anwenden lassen, ist in der Geisteswelt nicht vorhanden. Beim Eintritte in die Geisteswelt muß man alles gewissermaßen hinter sich lassen, worauf sinnliche Vorstellungen anwendbar sind. Vorstellungen aber, welche man sich in der Sinneswelt so gebildet hat, daß sie keinem sinnlichen Dinge oder Vorgange entsprechen, die sind in der Seele auch noch anwesend, wenn sie die geistige Welt betritt. Naturgemäß können unter diesen Vorstellungen solche sein, welche irrtümlich gebildet sind. Wenn diese im Bewußtsein beim Eintritte in die geistige Welt vorhanden sind, so erweisen sie sich durch ihr eigenes Dasein als nicht hingehörig. Sie wirken so, daß sie der Seele den Drang einprägen, zurückzukehren in die Sinnes- oder die elementarische Welt, um dort an die Stelle der irrtümlichen Vorstellungen die richtigen zu setzen. Was aber die Seele an richtigen Vorstellungen in die geistige Welt hineinbringt, dem strebt in dieser Welt ein Verwandtes entgegen; die Seele erfühlt in der geistigen Welt, daß dort *Wesen* vorhanden sind, welche mit ihrem ganzen Innensein *so* sind, wie innerhalb ihrer selbst nur die Gedanken sind. Diese Wesenheiten haben einen Leib, den man Gedankenleib nennen kann. In diesem Gedankenleib erleben sich diese Wesen als selbständig, wie der Mensch sich innerhalb der Sinneswelt selbständig erlebt. Von den Vorstellungen, welche sich der Mensch erwirbt, sind zunächst gewisse mit Gefühlen durchtränkte Gedanken geeignet, das Seelenleben so zu verstärken, daß es von den Wesenheiten der geistigen Welt einen Eindruck erhalten kann. Wenn das Gefühl der Hingabe, wie es für die Verwandlungsfähigkeit in der elementarischen Welt entwickelt werden muß, so verschärft wird, daß in dieser Hingabe das fremde Wesen, in das man sich verwandelt, nicht nur sympathisch oder antipathisch erfühlt wird, sondern so, daß es mit seiner Eigenart in der Seele, die sich hingibt, aufleben kann, dann tritt die Wahrnehmungsfähigkeit für die geistige Welt ein. Es spricht dann gewissermaßen das eine geistige Wesen in dieser, das andere in einer anderen Weise zur Seele. Und es entsteht ein geistiger Verkehr, der in einer Gedankensprache besteht. Man erlebt Gedanken; aber man weiß, *daß man in den Gedanken Wesen erlebt.* In Wesen zu leben, die in Gedanken sich nicht bloß ausdrücken, sondern die mit ihrem Eigensein in den Gedanken anwesend sind, heißt mit der Seele in der geistigen Welt leben.

Gegenüber den Wesenheiten der elementarischen Welt hat die Seele das Gefühl, daß diese Wesenheiten die Weltgedanken in ihr Eigensein hereinstrahlend haben, und daß sie sich *wollen* in Gemäßheit dieses in sie einstrahlenden Weltendenkens.

Gegenüber den Wesenheiten, welche nicht zur elementarischen Welt herabzusteigen brauchen, um das zu erreichen, was der Mensch erst in der Sinneswelt erreicht, sondern welche zu dieser Stufe des Daseins schon in der geistigen Welt gelangen, hat die Menschenseele das Gefühl, daß diese Wesenheiten ganz aus Gedankensubstanz bestehen, daß die Weltengedanken in sie nicht nur einstrahlen, sondern daß die Wesen selbst mit ihrem Eigensein in diesem Gedankenweben leben. Sie lassen völlig die Weltgedanken in sich lebend denken. Ihr *Leben* verläuft in dem Wahrnehmen der Weltgedankensprache. Und ihr *Wollen* besteht darin, daß sie *sich* gedankenhaft zum Ausdrucke bringen können. Und dieses ihr Gedankensein wirkt wesenhaft auf die Welt zurück. Gedanken, welche Wesen sind, sprechen mit anderen Gedanken, welche auch Wesen sind.

Das menschliche Gedankenleben ist das Spiegelbild dieses geistigen Gedankenwesenlebens. In der Zeit, welche für die menschliche Seele zwischen dem Tode und einer neuen Geburt verläuft, ist sie in dieses Gedankenwesenleben so einverwoben, wie sie in der Sinneswelt in das physische Dasein einverwoben ist. Tritt die Seele durch die Geburt (beziehungsweise durch die Empfängnis) in das Sinnessein, so wirkt die Gedanken-Dauer-Wesenheit der Seele so, daß sie das Schicksal dieser Seele ausgestaltet, inspiriert. In dem menschlichen Schicksale wirkt dasjenige, was aus den der Gegenwart vorangegangenen Erdenleben von der Seele verblieben ist, so, wie die reinen Gedankenlebewesen in der Welt wirken.

Wenn das übersinnliche Bewußtsein in diese – geistige – Welt der Gedankenlebewesen eintritt, so fühlt es sich gegenüber der Sinneswelt in vollständig neuen Verhältnissen. Diese Sinneswelt steht ihr in der geistigen Welt als eine «andere Welt» gegenüber, so, wie ihr die geistige Welt in der Sinneswelt als eine andere gegenübersteht. Aber es hat diese Sinneswelt für die Geistesschau alles verloren, was von ihr innerhalb des Sinnesseins wahrgenommen werden kann. Wie verschwunden sind alle Eigenschaften, welche durch Sinne oder den an die Sinne gebundenen Verstand aufgefaßt werden. Dagegen zeigt sich von dem Gesichtspunkte der geistigen Welt aus, daß die wahre, die ureigene Natur der Sinneswelt selbst geistig ist. Es treten für den Seelenblick, der von der geistigen Welt aus schaut, statt der früheren Sinneswelt geistige Wesen auf, die ihre Wirksamkeiten entfalten, und zwar so, daß durch das Zusammenströmen dieser Wirksamkeiten die Welt entsteht, welche, durch Sinne angesehen, eben zu der Welt wird, welche der Mensch in seinem eigenen Sinnessein vor sich hat. Von der Geisteswelt aus gesehen, verschwinden die Eigenschaften, Kräfte, Stoffe usw. der Sinneswelt; sie enthüllen sich als bloßer Schein. Man hat von dieser Welt aus nur noch Wesenheiten vor sich. In diesen Wesenheiten liegt die wahre Wirklichkeit.

Ähnlich ist es mit der elementarischen Welt. Auch aus dieser entschwindet für den Blick von der geistigen Welt her alles, was nicht Wesenheit selbst ist. Und die Seele fühlt, daß sie es auch in dieser Welt mit Wesenheiten zu tun hat, welche durch das Zusammenströmenlassen ihrer Wirksamkeiten ein Dasein erscheinen lassen, welches durch die Organe der Sympathie und Antipathie eben als elementarisches erscheint.

Ein wesentlicher Teil des Einlebens in die übersinnlichen Welten besteht darin, daß an die Stelle der Zustände und Eigenschaften, welche das Bewußtsein in der Sinneswelt um sich hat, *Wesenheiten* treten. Die übersinnliche Welt offenbart sich zuletzt als eine Welt von Wesenheiten; und was außer diesen Wesenheiten noch vorhanden ist, als Ausdruck der Taten dieser Wesenheiten. Aber auch die Sinneswelt und die elementarische Welt erscheinen als die Taten der geistigen Wesenheiten.

VON DER ERSTEN ANLAGE DES PHYSISCHEN MENSCHENLEIBES

Es ist an einer vorangehenden Stelle dieser Schrift von einem dem Erdensein vorangehenden Monden- und Sonnensein gesprochen. Nur innerhalb des Mondenseins ergeben sich für das hellsichtige Bewußtsein noch Eindrücke, welche an die Eindrücke des Erdenlebens erinnern. Nicht aber können solche Eindrücke noch gewonnen werden, wenn der hellsichtige Blick zum urfernen Sonnensein der Erde zurückgewendet wird. Dieses Sonnensein offenbart sich schon ganz als eine Welt von Wesenheiten und von Taten solcher Wesenheiten. Man muß, um von diesem Sonnensein einen Eindruck zu bekommen, sich alles fernehalten, was im Bereiche des mineralischen und des pflanzlichen Lebens der Erde an Vorstellungen gewonnen werden kann. Denn solche Vorstellungen können nur noch für die Erkenntnis der früheren Zustände der Erde selbst und – die aus dem Bereich des Pflanzenlebens gewonnenen – für das langvergangene Mondendasein eine Bedeutung haben. Zum uralten Sonnensein der Erde führen Vorstellungen, welche durch das tierische und menschliche Naturreich angeregt sein können, die aber nichts von dem bloß *abbilden,* was für die Sinne an den Wesen dieser Reiche erscheint.

Nun findet das übersinnliche Bewußtsein des Menschen innerhalb des ätherischen Leibes wirksame Kräfte, die sich zu Bildern formen von solcher Art, daß diese Bilder zum Ausdrucke bringen, wie der ätherische Leib durch die Taten geistiger Wesenheiten innerhalb der alten Sonnenzeit seine erste Anlage im Weltengeschehen erhalten hat. Diese Anlage kann man dann durch die Mondenzeit und die Erdenzeit in ihrer Entwickelung weiter verfolgen. Man findet, daß sie sich da umgewandelt hat und durch die Umwandlung zu dem geworden ist, was gegenwärtig als ätherischer Leib des Menschen wirksam sich bezeugt.

Der physische Leib des Menschen erfordert zu seinem Verständnis noch einer anderen Betätigung des menschlichen Bewußtseins. Zunächst erscheint er wie ein äußerer Abdruck des ätherischen Leibes. Der genauen Betrachtung ergibt sich aber, daß der Mensch im Sinnessein niemals zu einer vollen Entfaltung seiner Wesenheit kommen könnte, wenn der physische Leib nichts anderes wäre als nur die sinnlich-physische Offenbarung des ätherischen Leibes. Es würde, wenn dies der Fall wäre, ein bestimmtes Wollen, Fühlen und Denken des Menschen zustande kommen, nicht aber könnte das Denken, Fühlen und Wollen so zusammengefaßt werden, daß in der Seele des Menschen das Bewußtsein entsteht, das sich im «Ich-Erlebnis» ausdrückt. Dies zeigt sich ganz besonders klar, wenn sich das Bewußtsein zu der Eigenschaft des Geistschauens hin entwickelt. Für den Menschen kann dieses Ich-Erlebnis zuerst nur in der Sinneswelt eintreten, wenn er von seinem physisch-sinnlichen Leib umhüllt ist. Von da aus kann er es dann in die elementarische Welt und in die geistige Welt hineintragen und seinen ätherischen und astralischen Leib damit durchdringen. Der Mensch hat eben einen ätherischen und astralischen Leib, in welchen sich das Ich-Erlebnis zunächst nicht bildet. Er hat einen physisch-sinnlichen Leib, in dem dieses Erlebnis auftreten kann. Wenn nun der physisch-sinnliche Menschenleib von der geistigen Welt aus betrachtet wird, so zeigt sich, daß in ihm etwas Wesenhaftes vorhanden ist, was selbst von dieser geistigen Welt aus sich nicht völlig in seiner Wahrheit offenbart. Betritt das Bewußtsein als hellsichtiges die geistige Welt, so lebt sich die Seele in die Welt der Gedanken-Wesenhaftigkeit ein; allein das Ich-Erlebnis, wie es durch entsprechend verstärkte Seelenkraft in diese Welt hineingetragen werden kann, ist nicht bloß aus Weltgedanken gewoben; es fühlt in der Welt der Weltgedanken noch nicht dasjenige, welches in dem Umkreis ein Gleiches mit der eigenen Wesenheit zeigt. Die Seele muß, um solches zu fühlen, den Weg in das Übersinnliche noch weiter fortsetzen. Sie muß zu Erlebnissen kommen, in welchen sie auch von Gedanken verlassen ist, so daß alle Sinneserlebnisse und auch alle Erlebnisse des Denkens, Fühlens und Wollens gewissermaßen auf ihrem Wege in das Übersinnliche hinter ihr liegen. Dadurch erst fühlt sie sich dann eins mit einer Wesenhaftigkeit, die so der Welt zugrunde liegt, daß sie allem vorangeht, was der Mensch als Sinnes-, als ätherisches, als astralisches Wesen beobachten kann. Der Mensch erfühlt sich dann in einem noch höheren Gebiete, als die ihm schon vorher bekannte geistige Welt eines ist. Es soll diese Welt, in welcher sich nur das «Ich» erleben kann, die übergeistige Welt genannt werden. Von dieser Welt aus erscheint auch das

Gebiet der Gedanken-Wesenhaftigkeit noch als eine äußere Welt. Ist das übersinnliche Bewußtsein in diese Welt versetzt, so macht es eine Erfahrung, welche etwa in der folgenden Art sich charakterisieren läßt. Man gelangt zu dieser Charakteristik, wenn man den Weg des übersinnlichen Bewußtseins durch die verschiedenen Stufen hindurch verfolgt. Erfühlt sich die Seele in ihrem ätherischen Leibe und sind die elementarischen Vorgänge und Wesenheiten ihre Umwelt, so weiß sie sich außer dem physischen Leibe; aber dieser physische Leib bleibt als Wesenheit vorhanden, obwohl er, von außen gesehen, sich verwandelt zeigt. Er löst sich vor dem Geistesblick gewissermaßen auf in einen Teil, der als der Ausdruck von Taten geistiger Wesenheiten sich darstellt, welche vom Beginne des Erdenseins bis zur Gegenwart wirksam waren, und in einem anderen Teil, welcher der Ausdruck ist für etwas, das schon während des alten Mondenzustandes der Erde vorhanden war. So bleibt es, solange das Bewußtsein sich nur in der elementarischen Welt erlebt. Es kann in dieser Welt das Bewußtsein gewahr werden, wie der Mensch als physisches Wesen während des alten Mondenzustandes gebildet war. Betritt das Bewußtsein die geistige Welt, so löst sich von dem physischen Leibe wieder ein Teil ab. Es ist derjenige, welcher während des Mondenzustandes durch die Taten geistiger Wesenheiten gebildet worden ist. Aber es bleibt ein anderer Teil zurück. Es ist derjenige, welcher schon während des Sonnenzustandes der Erde als die damalige physische Wesenheit des Menschen vorhanden war. Doch bleibt auch von dieser physischen Wesenheit noch etwas zurück, wenn alles vom Gesichtspunkte der geistigen Welt aus in Betracht gezogen werden kann, was während der Sonnenzeit durch Taten geistiger Wesenheiten geschehen ist. Was da noch zurückbleibt, offenbart sich erst als die Tat geistiger Wesenheiten von der übergeistigen Welt aus. Es offenbart sich als schon vorhanden im Beginne der Sonnenzeit. Man muß zu einem Zustande der Erde *vor* ihrer Sonnenzeit zurückgehen. In meiner «Geheimwissenschaft» versuchte ich zu rechtfertigen, warum man diesen Zustand des Erdenseins den «Saturnzustand» der Erde nennen kann. Die Erde war in diesem Sinne «Saturn», bevor sie Sonne geworden ist. Und während dieses Saturnzustandes ist die erste Anlage des physischen Menschenleibes aus dem allgemeinen Weltprozesse heraus durch die Taten geistiger Wesenheiten entstanden. Diese Anlage hat sich dann während der folgenden Sonnen-, Monden- und Erdenzeit so umgebildet durch die hinzutretenden Taten anderer geistiger Wesenheiten, daß der gegenwärtige physische Menschenleib geworden ist.

Erlebt sich die Seele in ihrem astralischen Leibe und hat sie die Gedankenlebewesen zu ihrer Umwelt, so weiß sie sich außer dem physischen und auch außer dem ätherischen Leibe. Sie erfühlt dann aber auch, wie ihr Denken, Fühlen und Wollen einem eingeschränkten Gebiet der Welt angehören, während sie ihrer ureigenen Wesenheit nach noch mehr umfassen könnte, als ihr in diesem Gebiete zuerteilt ist. Die hellsichtig gewordene Seele kann sich innerhalb der geistigen Welt sagen: In der Sinneswelt bin ich beschränkt auf dasjenige, was mir der physische Leib zu beobachten gestattet; in der elementarischen Welt bin ich durch den ätherischen Leib eingeschränkt; in der geistigen Welt bin ich dadurch begrenzt, daß ich mich gewissermaßen auf einer Welteninsel befinde und nur bis zu deren Ufern mein geistiges Dasein erfühle; jenseits dieser Ufer ist eine Welt, die ich wahrnehmen könnte, wenn ich durch den Schleier mich hindurcharbeitete, welcher mir durch die Taten der Gedankenlebewesen vor das Geistesauge gewoben wird. Die Seele kann sich durch diesen Schleier hindurcharbeiten, wenn sie die Fähigkeit der Hingabe, die ihr schon für das Leben in der elementarischen Welt notwendig ist, immer weiter und weiter entwickelt. Sie hat nötig ihre Kräfte, wie sie ihr durch das Erleben in der physisch-sinnlichen Welt erwachsen, immer mehr zu verstärken, um in den übersinnlichen Welten vor der Abdämpfung, Trübung, ja Vernichtung des Bewußtseins bewahrt zu sein. In der physisch-sinnlichen Welt braucht die Seele nur die ihr naturgemäß, ohne ihre eigene seelische Arbeit, zuerteilte Kraft, um in sich Gedanken erleben zu können. In der elementarischen Welt dämpfen sich die Gedanken zu traumähnlichen Erlebnissen herab, die im Entstehen sogleich dem Vergessenwerden anheimfallen, das heißt überhaupt nicht bewußt werden, wenn die Seele nicht vor ihrem Eintritte in diese Welt an der Erkraftung ihres inneren Lebens arbeitet. Sie muß dazu besonders die Willenskraft verstärken, denn in der elementarischen Welt ist ein Gedanke eben nicht mehr bloß Gedanke; er hat innere Regsamkeit, eigenes Leben. Er will durch den Willen festgehalten werden, wenn er sich dem Umkreise des Bewußtseins nicht entziehen soll. In der geistigen Welt sind die Gedanken vollends selbständige Lebewesen. Sollen sie im Bewußtsein verbleiben, so muß die Seele so erkraftet sein, daß sie selbst die Kraft in ihrem Innern entfaltet, die ihr in der Sinneswelt der physische Leib entfaltet, in der elementarischen die Sympathien und Antipathien des ätherischen Leibes. Auf alles dieses muß sie in der geistigen Welt verzichten. Da sind ihr die Erlebnisse der Sinneswelt und der elementarischen Welt nur wie Erinnerungen gegenwärtig. Und sie ist selbst außerhalb dieser beiden Welten. Um sie ist die geistige Welt. Diese macht auf den astralischen Leib zunächst keinen Eindruck. Die Seele muß lernen, für sich selbst von ihren Erinnerungen zu leben. Ihr Bewußtseinsinhalt ist zuerst nur der: ich bin gewesen, und ich stehe jetzt dem Nichts gegenüber. Aber wenn die Erinnerungen aus solchen Seelenerlebnissen kommen, die nicht bloß Abbilder sinnlicher oder elementarischer Vorgänge sind, sondern von diesen angeregte freie Gedankenerlebnisse darstellen, so beginnt in der Seele ein Gedankengespräch zwischen den Erinnerungen und dem vermeintlichen «Nichts» der geistigen Umwelt. Und was als Ergebnis dieses Gesprächs entsteht, wird Vorstellungswelt im Bewußtsein des astralischen Leibes. Die Kraft, welche die Seele in diesem Punkte ihrer Entwickelung nötig hat, ist eine solche, welche sie fähig macht, am Ufer der ihr bisher allein bekannten Welt zu stehen und zu ertragen, dem vermeintlichen Nichts gegenüberzutreten. Für das Seelenleben ist zuerst dieses vermeintliche Nichts durchaus ein *wahres Nichts*. Doch hat die Seele immerhin gewissermaßen hinter sich die Welt ihrer Erinnerungen. Sie vermag sich an diese Erinnerungen wie anzuklammern. Sie vermag in ihnen zu leben. Und je mehr sie in ihnen lebt, desto mehr verstärkt sie die Kräfte des astralischen Leibes. Mit dieser Verstärkung beginnt aber das Gespräch zwischen ihrem vergangenen Dasein und den Wesenheiten der geistigen Welt. Sie lernt sich in diesem Gespräch als astralische Wesenheit erfühlen. Mit einem Ausdrucke, der alten Traditionen entspricht, kann man sagen: Die Menschenseele erlebt sich als astralische Wesenheit innerhalb des Weltenwortes. Mit dem Weltenwort sind da gemeint die Gedankentaten der Gedankenlebewesen, welche wie lebendige Geistergespräche sich in der geistigen Welt abspielen. Aber durchaus so, daß diese Geistergespräche für die geistige Welt dasselbe sind, was Taten für die Sinneswelt sind.

Will nun die Seele in die übergeistige Welt übertreten, so muß sie durch ihren eigenen Willen ihre Erinnerungen aus der physischen und der elementarischen Welt austilgen. Sie kann das nur, wenn sie aus dem Geistergespräch die Sicherheit gewonnen hat, daß sie ihr Dasein nicht völlig verlieren werde, wenn sie alles das in sich vertilgt, was ihr bisher das Bewußtsein dieses Daseins gegeben hat. Die Seele muß in der Tat sich vor einen geistigen Abgrund stellen, und an demselben den Willensimpuls fassen, ihr Wollen, Fühlen und Denken zu vergessen. Sie muß auf ihre Vergangenheit in ihrem Bewußtsein verzichten. Man könnte diesen Entschluß, der hier notwendig ist, ein Herbeiführen des vollständigen Bewußtseinsschlafes durch den eigenen Willen, nicht durch Verhältnisse des physischen oder des ätherischen Leibes, nennen. Nur muß man diesen Entschluß so denken, daß er nicht das Ziel hat, nach einer Pause der Bewußtlosigkeit dasselbe Bewußtsein wieder herbeizuführen, das vorher da war, sondern so, daß durch ihn dieses Bewußtsein wirklich sich zunächst durch den eigenen Willensentschluß in das Vergessen eintaucht. Man muß bedenken, daß dieser Vorgang weder in der physischen noch in der elementarischen Welt, sondern nur in der geistigen Welt möglich ist. In der physischen Welt ist die Vernichtung möglich, welche als Tod auftritt; in der elementarischen Welt gibt es keinen Tod. Der Mensch, insoferne er der elementarischen Welt angehört, kann nicht sterben; er kann sich nur in eine andere Wesenheit verwandeln. In der geistigen Welt ist im strengen Sinn des Wortes auch keine entschiedene Verwandlung möglich; denn in was immer sich das Menschenwesen auch verwandeln mag, in der geistigen Welt offenbart sich die erlebte Vergangenheit als eigenes bewußtes Dasein. Soll dieses Erinnerungsdasein innerhalb der geistigen Welt hinschwinden, so muß es von der Seele durch einen Willensentschluß selbst in die Vergessenheit versenkt werden. Das übersinnliche Bewußtsein kann zu diesem Willensentschluß kommen, wenn es sich die nötige Seelenstärke erobert hat. Kommt es dazu, dann taucht ihm aus dem selbst hervorgerufenen Vergessen die wahre Wesenheit des «Ich» auf. Die übergeistige Umwelt gibt der Menschenseele das Wissen von diesem «wahren Ich». So wie sich das übersinnliche Bewußtsein in dem ätherischen und in dem astralischen Leibe erleben kann, so kann es sich auch in dem «wahren Ich» erleben.

Dieses «wahre Ich» wird durch die Geistes-Anschauung nicht

erzeugt; es ist für jede Menschenseele in deren Tiefen vorhanden. Das übersinnliche Bewußtsein erlebt bloß wissend, was für jede Menschenseele eine nicht bewußte, aber zu ihrer Wesenheit gehörige Tatsache ist.

Nach dem physischen Tode lebt sich der Mensch allmählich in die geistige Umwelt ein. Innerhalb derselben taucht zunächst sein Wesen mit den Erinnerungen aus der Sinneswelt auf. Er kann da, obwohl er die Unterstützung des physisch-sinnlichen Leibes nicht hat, doch bewußt in diesen Erinnerungen leben, weil sich in dieselben die ihnen entsprechenden Gedankenlebewesen einverleiben, so daß die Erinnerungen nicht mehr das bloße Schattendasein haben, welches ihnen in der physisch-sinnlichen Welt eigen ist. Und in einem bestimmten Zeitpunkte zwischen dem Tode und einer neuen Geburt wirken die Gedankenlebewesen der geistigen Umwelt so stark, daß dann ohne Willensimpuls das geschilderte Vergessen herbeigeführt wird. Und mit demselben taucht das Leben in dem «wahren Ich» auf. Das hellsichtige Bewußtsein führt durch Erkraftung des Seelenlebens dasjenige als freie Geistestat herbei, was für das Erleben zwischen Tod und neuer Geburt gewissermaßen ein naturgemäßes Ereignis ist. Jedoch kann innerhalb des physisch-sinnlichen Erlebens nie eine Erinnerung an vorhergehende Erdenleben eintreten, wenn nicht innerhalb dieser Erdenleben die Vorstellungen auf die geistige Welt gelenkt worden sind. Man muß ja stets von etwas vorher gewußt haben, an das später eine deutlich erkennbare Erinnerung auftauchen soll. So muß man auch in einem Erdenleben sich ein Wissen erwerben von sich als einem geistigen Wesen, wenn man mit Recht erwarten will, daß man in einem nächsten Erdenleben an ein vorhergehendes sich erinnern könne. Doch braucht dieses Wissen nicht durch Hellsichtigkeit erworben zu sein. Wer durch Hellsichtigkeit sich ein unmittelbares Wissen von der geistigen Welt erwirbt, in dessen Seele kann in den Erdenleben, welche auf dasjenige folgen, in dem er dieses Wissen erlangt, eine Erinnerung an das vorige so auftreten, wie im Sinnessein die Erinnerung an etwas Selbsterlebtes sich einstellt. Wer *mit Verständnis* in die Geisteswissenschaft auch ohne Geistes-Anschauung eindringt, für den tritt diese Erinnerung so ein, daß sie einer solchen im Sinnessein sich vergleichen läßt, welche man von einem Ereignis bewahrt, von dem man nur eine Schilderung angehört hat.

ZUSAMMENFASSUNG
EINIGES VORANGEHENDEN

Der Mensch trägt in sich ein «wahres Ich», welches einer übergeistigen Welt angehört. Dieses «wahre Ich» ist in der Sinneswelt wie verdeckt durch die Erlebnisse des Denkens, Fühlens und Wollens. Selbst noch in der geistigen Welt wird der Mensch dieses «wahren Ich» erst bewußt, wenn er die Erinnerungen an alles in sich austilgt, was er durch sein Denken, Fühlen und Wollen erleben kann. Aus dem Vergessen des in der Sinnes-, der elementarischen und der geistigen Welt Erlebten taucht das Wissen von dem «wahren Ich» auf.

Der physisch-sinnliche Menschenleib offenbart sich, seiner wahren Wesenheit nach, wenn ihn die Seele von der übergeistigen Welt aus betrachtet. Da zeigt sich, daß er seine erste Anlage aus dem allgemeinen Weltprozesse heraus in einem dem Sonnenzustande der Erde vorangegangenen Saturnzustande erhalten hat. Er hat sich dann durch den Sonnen-, Monden- und Erdenzustand hindurch zu dem entwickelt, was er gegenwärtig als physischer Menschenleib ist.

Schematisch kann man nach dem Vorangehenden die gesamte Wesenheit des Menschen so betrachten:

I. *Den physischen Leib in der physisch-sinnlichen Umwelt.* Durch ihn erkennt sich der Mensch als selbständiges Eigenwesen (Ich). Dieser physische Leib hat sich aus dem allgemeinen Weltensein in seiner ersten Anlage während eines langvergangenen Saturnzustandes der Erde gebildet und ist durch seine Entwickelung in vier planetarischen Verwandlungen der Erde zu dem geworden, was er gegenwärtig ist.

II. *Den feinen, ätherischen Leib in der elementarischen Umwelt.* Durch ihn erkennt sich der Mensch als Glied des Erdenlebensleibes. Er ist in seiner ersten Anlage während eines langvergangenen Sonnenzustandes der Erde aus dem allgemeinen Weltensein heraus gebildet und ist durch seine Entwickelung in drei planetarischen Verwandlungen der Erde zu dem geworden, was er gegenwärtig ist.

III. *Den astralischen Leib in einer geistigen Umwelt.* Durch ihn ist der Mensch das Glied einer geistigen Welt. In ihm liegt das «andere Selbst» des Menschen, welches sich in den wiederholten Erdenleben zum Ausdrucke bringt.

IV. *Das «wahre Ich» in einer übergeistigen Umwelt.* In diesem findet der Mensch sich als geistiges Wesen selbst dann, wenn alle Erlebnisse der Sinnes-, der elementarischen und der geistigen Welt, also alle Erlebnisse der Sinne, des Denkens, Fühlens und Wollens der Vergessenheit anheimfallen.

BEMERKUNGEN ÜBER DAS VERHÄLTNIS DES IN DIESER SCHRIFT GESCHILDERTEN ZU DER DARSTELLUNG IN MEINER «THEOSOPHIE» UND «GEHEIMWISSENSCHAFT»

Namen, welche die Erlebnisse der menschlichen Seele in der elementarischen und in der geistigen Welt ausdrücken sollen, werden sich den Eigentümlichkeiten dieser Erlebnisse anpassen müssen. Man wird bei solcher Namengebung zu berücksichtigen haben, daß das Erleben schon in der elementarischen Welt in ganz anderer Art verläuft als in der Sinneswelt. Es beruht dies Erleben da auf der Verwandlungsfähigkeit der Seele und ihrem Beobachten von Sympathien und Antipathien. Notwendigerweise wird die Namengebung etwas von dem Wechselvollen dieser Erlebnisse annehmen müssen. Sie wird nicht so starr sein können, wie sie für die Sinneswelt sein muß. Wer dieses in der Natur der Sache Liegende nicht berücksichtigt, wird leicht einen Widerspruch in der Namengebung dieser Schrift und derjenigen in meiner «Theosophie» und «Geheimwissenschaft» finden können. Der Widerspruch löst sich auf, wenn man bedenkt, daß in diesen beiden Schriften die Namen so gewählt sind, daß sie die Erlebnisse der Seele charakterisieren, welche diese bei ihrer vollen Entwickelung zwischen Geburt (Empfängnis) und Tod einerseits und zwischen Tod und Geburt andrerseits hat. Hier jedoch sind die Namen mit Rücksicht auf die Erlebnisse gemacht, welche das hellsichtige Bewußtsein hat, wenn es die elementarische Welt und die geistigen Gebiete betritt.

Man ersieht aus «Theosophie» und «Geheimwissenschaft», daß bald nach dem Ablösen des physisch-sinnlichen Leibes von der Seele mit dem Tode auch derjenige Leib von ihr abgelöst wird, welcher in dieser Schrift der ätherische genannt ist. Die Seele lebt dann zunächst in der Wesenheit, welche hier als der astralische Leib bezeichnet ist. Der ätherische Leib verwandelt sich nach seiner Ablösung von der Seele innerhalb der elementarischen Welt. Er geht in die Wesenheiten über, welche diese elementarische Welt bilden. Bei dieser Verwandlung des ätherischen Leibes ist die Seele des Menschen nicht mehr dabei. Wohl aber erlebt die Seele *als ihre Außenwelt* nach dem Tode die Vorgänge dieser elementarischen Welt. Dieses Erleben der elementarischen Welt *von außen* ist in «Theosophie» und «Geheimwissenschaft» als Durchgang der Seele durch die Seelenwelt geschildert. Man wird sich also vorstellen müssen, daß diese Seelenwelt die gleiche ist mit der, welche hier, vom Gesichtspunkte des übersinnlichen Bewußtseins aus, die elementarische genannt wird. – Wenn dann die Seele in der Zwischenzeit zwischen Tod und Geburt – im Sinne des in meiner «Theosophie» Geschilderten – sich von ihrem astralischen Leib löst, so lebt sie weiter in der Wesenheit, welche hier als das «wahre Ich» bezeichnet ist. Der astralische Leib macht dann für sich, so daß die Seele nicht mehr dabei ist, dasjenige durch, was hier als das «Vergessen» charakterisiert worden ist. Er stürzt sich gewissermaßen in eine Welt, in welcher nichts ist von dem, was mit Sinnen beobachtet werden kann, oder was so erlebt wird, wie das Wollen, Fühlen und Denken erleben, welche der Mensch im Sinnesleibe entwickelt. Diese Welt durchlebt dann *als ihre Außenwelt* die in dem «wahren Ich» fortbestehende Seele. Wenn man das Erleben in dieser Außenwelt kennzeichnen will, so kann man dieses so, wie es in «Theosophie» und «Geheimwissenschaft» bei der Schilderung des Durchgangs durch das «Geistgebiet» geschehen ist. Die im «wahren Ich» sich erlebende Seele hat dann innerhalb der geistigen Welt *um sich* dasjenige, was sich *in ihr* während des Sinnesseins als Seelenerlebnisse gebildet hat. Innerhalb der Welt, welche hier als diejenige der Gedankenlebewesen geschildert ist, findet die Seele zwischen Tod und neuer Geburt alles, was sie selbst in ihrem Innensein durch ihr Sinneswahrnehmen und durch ihr Denken, Fühlen und Wollen im Sinnessein erlebt hat.

NACHWORT ZUR NEUAUSGABE [1918]

Wenn die Seele sich die Fähigkeit erwerben will, in die übersinnliche Welt erkennend einzudringen, so muß sie zunächst ihre Kräfte dadurch erstarken, daß sie von innen heraus eine Tätigkeit entfaltet, die im Grunde eine vorstellende ist. Aber dieses Vorstellen darf nicht bloß in der Stärke ausgeübt werden, in welcher es sich im gewöhnlichen Bewußtsein im Anschluß an das sinnliche Wahrnehmen und dieses begleitend entfaltet. Da ist das Vorstellen von einer viel geringeren Stärke als das Wahrnehmen. Bloß in dieser Stärke geübt, könnte es nie Fähigkeiten zum Eintritte der Seele in die übersinnliche Welt entwickeln. Es muß, obgleich es bloßes Vorstellen bleibt, sich erkraften zu der Stärke des Wahrnehmens selbst. Es muß nicht im Weben schattenhafter Nachbilder des Anschaulichen verbleiben. Es muß sich selbst zur Anschaulichkeit, zur Bildhaftigkeit verdichten. Man schafft lebendige *Bilder*. Aber es kommt nicht darauf an, mit der Seelenkraft bloß in diesen Bildern zu verweilen. Man lenkt die Aufmerksamkeit von den Bildern ab und der eigenen bilderschaffenden Tätigkeit zu. Dadurch findet man sich in einem innerlich erkrafteten Selbstbewußtsein; man bemerkt aber auch, wenn man diese innere Seelenübung immer wieder aufgenommen hat, nach Wochen, Monaten oder auch nach längerer Zeit, daß man durch diese Erfassung seines erkrafteten Selbstbewußtseins in Zusammenhang mit einer übersinnlichen Welt gekommen ist. Erst ist die Berührung mit dieser eine chaotische, eine, die wie in allgemeinen Gefühlseindrücken erlebt wird. Nach und nach aber gestaltet sich aus dem Chaotischen eine in sich differenzierte objektive Bilderwelt heraus. Man wird gewahr, daß man sich durch die Übung des Bildergestaltens dazu fähig gemacht hat, daß fortan eine äußere geistige Wirklichkeit mit dem erstarkten Selbstbewußtsein Bilder webt, die sich in ihrer eigenen Offenbarung als Abbilder einer objektiven übersinnlichen Welt darstellen. (Dies ist, genauer beschrieben, die Erfahrung der Menschenseele mit den Bildgeweben, welchen die Seele auf ihrem Wege in die geistige Welt begegnet und von denen auf Seite 81 dieser Schrift gesprochen ist.) Indem sich der nach dem übersinnlichen Bewußtsein Strebende diese Vorgänge in deutlichem innerem Erleben anschaulich macht, hat er an ihnen die untrügliche Möglichkeit, im

Felde des Übersinnlichen die Wirklichkeit zu erkennen und sie von bloßen Illusionen der wähnenden Phantasie zu unterscheiden.

Seite 81 dieser Schrift wird gesagt, die *Bilder* des im Anfange übersinnlichen Erlebens stehenden Bewußtseins «seien zunächst wie ein Vorhang, welchen sich die Seele vor die übersinnliche Welt hinstellt, wenn sie sich von derselben berührt fühlt». Von einem solchen «Vorhange» muß man sprechen. Denn im Anfange dienen die Bilder nur dazu, das eigene Selbstbewußtsein in die übersinnliche Welt hineinzuheben. Man erfühlt *sich* durch sie als Geistwesen, aber man schaut durch sie noch keine objektive übersinnliche Außenwelt. Es ist, wie wenn man im Sinnesleibe Augen hätte, die man wohl als Glied des eigenen Organismus fühlt, die aber in sich nicht aufgehellt sind, so daß die Außenwelt nicht ihre Wirkungen in sie hinein entfalten kann. Man muß die in der Seele webenden Bilder gewissermaßen durch das fortdauernde Sich-Betätigen in ihnen geistig durchsichtig werden lassen. Sie werden dieses nach und nach durch ihre eigene Entwickelung. Sie werden so, daß man sie nicht schaut, sondern sie nur als in der Seele lebend fühlt, aber durch sie das Wesenhafte der übersinnlichen Wirklichkeit wahrnimmt.

Beim Eintritt in die übersinnliche Welt ist einer der ersten Wahrnehmungseindrücke der, daß man sich durch sein in diese Welt hinaufgehobenes Selbstbewußtsein in Sympathien und Antipathien mit den Wesenheiten dieser Welt verbunden schaut. (Vgl. S. 107 ff. dieser Schrift.) Man bemerkt bereits an den dadurch gemachten Erlebnissen, daß man auch mit Bezug auf sein Vorstellen die sinnliche Welt verlassen muß, wenn man in die übersinnliche wirklich eintreten will. Man kann, was man im Übersinnlichen schaut, wohl beschreiben durch Vorstellungen, die aus der sinnlichen Welt genommen sind. Man kann zum Beispiel sprechen davon, daß ein Wesen wie durch eine Farbenerscheinung sich offenbare. Allein, wer solche Beschreibungen des übersinnlich Wesenhaften entgegennimmt, sollte nie außer acht lassen, daß der wirkliche Geistesforscher mit der Angabe einer solchen Farbe meint: er erlebe etwas, was von ihm seelisch so erfahren wird, *wie* die Wahrnehmung der betreffenden Farbe durch das sinnliche Bewußtsein. Wer mit seiner Schilderung zum Ausdruck bringen will: er habe vor dem Bewußtsein etwas, das *gleich* ist der sinnlichen Farbe, der ist nicht ein Geistesforscher, sondern ein Visionär oder ein Halluzinierender. Aber mit den Erlebnissen der Sympathie und Antipathie hat man die ersten übersinnlichen Wahrnehmungseindrücke der übersinnlichen Welt wirklich vor sich. – Es gibt Menschen, die gerade dadurch enttäuscht sind, daß der Geistesforscher ihnen sagen muß, wenn er sich durch Vorstellungen ausspricht, die vom sinnlichen Erleben hergenommen sind, so meine er nur Veranschaulichungen des von ihm Geschauten. Denn solche Menschen streben eigentlich nicht darnach, eine von der sinnlichen unterschiedene übersinnliche Welt kennenzulernen, sondern sie wollen eine Art Doppelgänger der sinnlichen *als* übersinnliche Welt anerkennen. Diese übersinnliche soll feiner, «ätherischer» sein als die sinnliche; aber im übrigen soll sie nur ja nicht die Anforderung erheben, auch durch andere Vorstellungen ergriffen werden zu müssen als die sinnliche. Wer aber wirklich der geistigen Welt sich nähern will, der muß sich auch dazu bequemen, neue Vorstellungen zu erwerben. Wer nur ein verdünntes, dunstartiges Abbild der sinnlichen Welt vorstellen will, der kann die übersinnliche nicht erfassen.

Die Erinnerungskraft, welche in dem Seelenleben des gewöhnlichen Bewußtseins eine hervorragende Rolle spielt, kommt als ausgeübte menschliche Fähigkeit beim Wahrnehmen der übersinnlichen Welt nicht in Betracht. (Man muß dies berücksichtigen, damit man das auf Seite 109 f. dieser Schrift Gesagte nicht mißverstehe.) Diese Erinnerungskraft hat die menschliche Seele in ihrem Leben in der physischen Welt, indem sie ihre Tätigkeiten in dieser durch ihre Leibesorganisation ausübt. Steht die in die übersinnliche Welt hineingehobene Seele den Wesen und Vorgängen dieser Welt gegenüber, so übt sie die Erinnerungskraft nicht aus. Sie würde zunächst, was in dieser Welt vor ihr steht, nur *anschauen,* ohne daß eine Erinnerung verbliebe an die Eindrücke, wenn sie wieder in ihren Leib untertaucht. Aber es bleibt dabei doch nicht. Die Seele nimmt aus ihrem Erleben in der physischen Welt einen *Nachklang* der Erinnerungsfähigkeit mit, und dadurch vermag sie im übersinnlichen Erleben zu wissen: ich bin hier im Geistigen dieselbe, die ich dort im Sinnlichen bin. Diese Erinnerungsfähigkeit ist ihr notwendig, weil ihr sonst der Zusammenhang im Selbstbewußtsein verlorenginge. Außerdem aber erlangt das in die übersinnliche Welt hinaufgehobene

Selbstbewußtsein auch noch die Fähigkeit, die in dieser Welt erlebten Eindrücke so umzuwandeln, daß sie im Leibe Eindrücke machen von der gleichen Art wie die sinnlichen Eindrücke der physischen Welt. Und dadurch ist es möglich, daß die Seele sich eine Art Erinnerung an das im Übersinnlichen Erlebte bewahrt. Sonst würde dieses Erlebte stets vergessen werden. Während aber die Eindrücke der physischen Welt so auf den Menschen wirken, daß er sie später erinnern kann durch dasjenige, was sie selbst in ihm bewirkt haben, muß er im Bereich des Übersinnlichen mit den Erlebnissen selbst eine solche Verrichtung vornehmen, die es ermöglicht, daß er später auch im gewöhnlichen Bewußtsein von ihnen weiß. In den übersinnlichen Erlebnissen muß eben alles im vollen Lichte des Bewußtseins ablaufen. Immerhin hat der Geistesforscher Schwierigkeit mit dem erinnerungsmäßigen Behalten seiner im Übersinnlichen gemachten Erfahrungen. Er kann nicht leicht anderen Menschen «bloß aus dem Gedächtnisse» erzählen, was er weiß; er ist oft genötigt, wenn dies von ihm verlangt wird, in seiner Seele die Bedingungen wiederherzustellen, unter denen er die zu schildernde Erfahrung gemacht hat, um das Geschaute wieder zu schauen, wenn er sich darüber aussprechen soll.

Auch die Beziehung der im Übersinnlichen erlebten Bilder auf die ihnen entsprechende Wirklichkeit (vgl. S. 115 f. dieser Schrift) ist kein solch einfacher Vorgang wie die Beziehungen eines seelischen Eindruckes auf einen sinnlichen Gegenstand oder Vorgang. Im Übersinnlichen muß das Bewußtsein diese Beziehung voll durchschauen. Es ist nicht so, wie wenn man einen Tisch vor sich hat. Da steht der Tisch vor der Seele; was dabei in ihr vorgeht, das lebt gar nicht oder ganz abgeschattet in dem Bewußtsein. Beim Wahrnehmen einer übersinnlichen Wesenheit hat man – auch wenn man in der oben geschilderten Art das Bild «durchsichtig» gemacht hat – das gefühlsartige Erlebnis dieses Bildes im Selbstbewußtsein. Und eben dadurch, daß man sich in dieses gefühlsartige Erlebnis mit dem übersinnlichen Bewußtsein ganz hineinversenkt, tritt die Wirklichkeit vor der Seele auf, deren Erleben ganz deutlich von dem Erleben des Bildes unterschieden werden kann und muß. Es dürfen diese beiden Erlebnisse nicht ineinander verschwimmen. Denn darin läge die Quelle von Illusionen über das, was man erlebt.

ANMERKUNGEN ZU DIESER AUSGABE

(GA = Rudolf Steiner Gesamtausgabe)

zu Seite

36 *Man kann ... von einer Welt von höheren Hierarchien sprechen:* Siehe den Literaturhinweis (Bibl.-Nrn. 110 u. 136).

56 *in kleineren Schriften:* «Reinkarnation und Karma, vom Standpunkte der modernen Naturwissenschaft notwendige Vorstellungen» und «Wie Karma wirkt», Sonderdruck aus GA 1960, Bibl.-Nr. 34.

82 *In meinen szenischen Seelengemälden:* Siehe den Literaturhinweis (Bibl.-Nr. 14).

LITERATURHINWEIS

Zur Weiterführung und Vertiefung der Darstellungen des vorliegenden Bandes sei auf folgende Ausgaben von Rudolf Steiner verwiesen:

Schriften

Wahrheit und Wissenschaft. Vorspiel einer «Philosophie der Freiheit». GA 1958, Bibl.-Nr. 3

Die Philosophie der Freiheit. Grundzüge einer modernen Weltanschauung. Seelische Beobachtungsresultate nach naturwissenschaftlicher Methode. GA 1973, Bibl.-Nr. 4

Theosophie. Einführung in übersinnliche Welterkenntnis und Menschenbestimmung. GA 1973, Bibl.-Nr. 9

Wie erlangt man Erkenntnisse der höheren Welten? GA 1975, Bibl.-Nr. 10

Die Stufen der höheren Erkenntnis. GA 1959, Bibl.-Nr. 12

Die Geheimwissenschaft im Umriß. GA 1977, Bibl.-Nr. 13

Vier Mysteriendramen (1910–1913). GA 1962, Bibl.-Nr. 14

Die geistige Führung des Menschen und der Menschheit. Geisteswissenschaftliche Ergebnisse über die Menschheits-Entwickelung. GA 1974, Bibl.-Nr. 15

Anthroposophische Leitsätze (1924/1925). Der Erkenntnisweg der Anthroposophie – Das Michael-Mysterium. GA 1976, Bibl.-Nr. 26

Vorträge

Geistige Hierarchien und ihre Widerspiegelung in der physischen Welt. Tierkreis, Planeten, Kosmos. Zehn Vorträge und zwei Fragenbeantwortungen, Düsseldorf 12.–22. April 1909. GA 1972, Bibl.-Nr. 110

Die Offenbarungen des Karma. Elf Vorträge, Hamburg 16.–28. Mai 1910. GA 1975, Bibl.-Nr. 120

Wiederverkörperung und Karma und ihre Bedeutung für die Kultur der Gegenwart. Fünf Vorträge, Berlin 23., 30. Januar, Stuttgart 20., 21. Februar, Berlin 5. März 1912. GA 1970, Bibl.-Nr. 135

Die geistigen Wesenheiten in den Himmelskörpern und Naturreichen. Elf Vorträge, Helsingfors 3.–14. April 1912, GA 1974, Bibl.-Nr. 136

Von der Initiation. Von Ewigkeit und Augenblick. Von Geisteslicht und Lebensdunkel. Acht Vorträge, München 25.–31. August 1912. GA 1959, Bibl.-Nr. 138

Welche Bedeutung hat die okkulte Entwickelung des Menschen für seine Hüllen – physischen Leib, Ätherleib, Astralleib – und sein Selbst? Zehn Vorträge, Den Haag 20.–29. März 1913. GA 1976, Bibl.-Nr. 145

Die Geheimnisse der Schwelle. Acht Vorträge, München 24.–31. August 1913. GA 1969, Bibl.-Nr. 147

Okkultes Lesen und okkultes Hören. Zehn Vorträge, Dornach 3.–6. Oktober, 12.–26. Dezember 1914, Basel 27. Dezember 1914. GA 1967, Bibl.-Nr. 156

Philosophie, Kosmologie und Religion. Zehn Vorträge, Dornach 6.–15. September 1922. GA 1962, Bibl.-Nr. 215

Der Mensch als Zusammenklang des schaffenden, bildenden und gestaltenden Weltenwortes. Zwölf Vorträge, Dornach 19. Oktober bis 11. November 1923. GA 1970, Bibl.-Nr. 230

Das Initiaten-Bewußtsein. Die wahren und die falschen Wege der geistigen Forschung. Elf Vorträge, Torquay 11.–22. August 1924. GA 1969, Bibl.-Nr. 243

Anweisungen für eine esoterische Schulung. Aus den Inhalten der «Esoterischen Schule». GA 1976, Bibl.-Nr. 42/245

RUDOLF STEINER – LEBEN UND WERK

Das Lebenswerk, welches Rudolf Steiner der Nachwelt hinterlassen hat, dürfte nach Gehalt und Umfang innerhalb der Kulturwelt wohl ohne Beispiel dastehen. Seine Schriften – die Werke und Aufsätze – bilden die Grundlage für das, was er im Laufe seines Lebens in Vorträgen und Kursen seinen Zuhörern als «anthroposophisch orientierte Geisteswissenschaft» von immer neuen Aspekten aus darstellte und ausführte. Der größte Teil dieser rund sechstausend Vorträge ist in Nachschriften erhalten geblieben. Daneben entfaltete er auch auf künstlerischem Gebiet eine große Tätigkeit, welche ihren Höhepunkt in der Errichtung des ersten Goetheanumbaues in Dornach fand. So liegen eine große Anzahl malerischer, plastischer und architektonischer Arbeiten, Entwürfe und Skizzen von seiner Hand vor. Die durch ihn gegebenen Anregungen für die Erneuerung zahlreicher Lebensgebiete beginnen in der gegenwärtigen Zeit vermehrte Beachtung zu finden.

Seit dem Jahre 1956 wird durch die «Rudolf Steiner-Nachlaßverwaltung» an der Herausgabe der *«Rudolf Steiner Gesamtausgabe»* gearbeitet, die einen Umfang von etwa 330 Bänden erhalten wird. In den beiden ersten Abteilungen erscheinen die *Schriften* und das *Vortragswerk,* während in einer dritten Abteilung das *künstlerische Werk* in geeigneter Form zur Wiedergabe gelangt.

Einen systematischen Überblick über das Gesamtwerk gibt die 1961 erschienene Bibliographie: *«Rudolf Steiner. Das literarische und künstlerische Werk. Eine bibliographische Übersicht»*, auf welche sich die im folgenden verwendete Bezeichnung «Bibl.-Nr.» bezieht. Über den jeweiligen Stand der erschienenen Bände orientiert der Katalog des «Rudolf Steiner Verlages».

Chronologischer Lebensabriß

(zugleich Übersicht über die geschriebenen Werke)

1861 Am 27. Februar wird Rudolf Steiner in Kraljevec (damals Österreich-Ungarn, heute Jugoslawien) als Sohn eines Beamten der österreichischen Südbahn geboren. Seine Eltern stammen aus Niederösterreich. Er verlebt seine Kindheit und Jugend an verschiedenen Orten Österreichs.

1872	Besuch der Realschule in Wiener-Neustadt bis zum Abitur 1879.
1879	Studium an der Wiener Technischen Hochschule: Mathematik und Naturwissenschaft, zugleich Literatur, Philosophie und Geschichte. Grundlegendes Goethe-Studium.
1882	Erste schriftstellerische Tätigkeit.
1882–1897	Herausgabe von Goethes Naturwissenschaftlichen Schriften in Kürschners «Deutsche National-Litteratur», fünf Bände (Bibl.-Nr. 1a–e). Eine selbständige Ausgabe der Einleitungen erschien 1925 unter dem Titel *Goethes Naturwissenschaftliche Schriften* (Bibl.-Nr. 1).
1884–1890	Privatlehrer bei einer Wiener Familie.
1886	Berufung zur Mitarbeit bei der Herausgabe der großen «Sophien-Ausgabe» von Goethes Werken. *Grundlinien einer Erkenntnistheorie der Goetheschen Weltanschauung mit besonderer Rücksicht auf Schiller* (Bibl.-Nr. 2).
1888	Herausgeber der «Deutschen Wochenschrift», Wien (Aufsätze daraus in Bibl.-Nr. 31). Vortrag im Wiener Goethe-Verein: *Goethe als Vater einer neuen Ästhetik* (in Bibl.-Nr. 30).
1890–1897	Weimar. Mitarbeit am Goethe- und Schiller-Archiv. Herausgeber von Goethes Naturwissenschaftlichen Schriften.
1891	Promotion zum Doktor der Philosophie an der Universität Rostock. 1892 erscheint die erweiterte Dissertation: *Wahrheit und Wissenschaft. Vorspiel einer «Philosophie der Freiheit»* (Bibl.-Nr. 3).
1894	*Die Philosophie der Freiheit. Grundzüge einer modernen Weltanschauung. Seelische Beobachtungsresultate nach naturwissenschaftlicher Methode* (Bibl.-Nr. 4).
1895	*Friedrich Nietzsche. Ein Kämpfer gegen seine Zeit* (Bibl.-Nr. 5).
1897	*Goethes Weltanschauung* (Bibl.-Nr. 6). Übersiedlung nach Berlin. Herausgabe des «Magazin für Literatur» und der «Dramaturgischen Blätter» zusammen mit O. E. Hartleben. (Aufsätze daraus in Bibl.-Nrn. 29–32.) Wirksamkeit in der «Freien literarischen Gesellschaft», der «Freien dramatischen Gesellschaft», im «Giordano Bruno-Bund», im Kreis der «Kommenden» u. a.

1899–1904 Lehrtätigkeit an der von W. Liebknecht gegründeten Berliner «Arbeiter-Bildungsschule».

1900/01 *Welt- und Lebensanschauungen im 19. Jahrhundert,* 1914 erweitert zu: *Die Rätsel der Philosophie* (Bibl.-Nr. 18). Beginn der anthroposophischen Vortragstätigkeit auf Einladung der Theosophischen Gesellschaft in Berlin. *Die Mystik im Aufgange des neuzeitlichen Geisteslebens* (Bibl.-Nr. 7).

1902–1912 Aufbau der Anthroposophie. Regelmäßige öffentliche Vortragstätigkeit in Berlin und ausgedehnte Vortragsreisen in ganz Europa. Marie von Sivers (ab 1914 Marie Steiner) wird seine ständige Mitarbeiterin.

1902 *Das Christentum als mystische Tatsache und die Mysterien des Altertums* (Bibl.-Nr. 8).

1903 Begründung und Herausgabe der Zeitschrift «Luzifer», später *«Lucifer-Gnosis»* (Aufsätze in Bibl.-Nr. 34).

1904 *Theosophie. Einführung in übersinnliche Welterkenntnis und Menschenbestimmung* (Bibl.-Nr. 9).

1904/05 *Wie erlangt man Erkenntnisse der höheren Welten?* (Bibl.-Nr. 10). *Aus der Akasha-Chronik* (Bibl.-Nr. 11). *Die Stufen der höheren Erkenntnis* (Bibl.-Nr. 12).

1910 *Die Geheimwissenschaft im Umriß* (Bibl.-Nr. 13).

1910–1913 In München werden die *Vier Mysteriendramen* (Bibl.-Nr. 14) uraufgeführt.

1911 *Die geistige Führung des Menschen und der Menschheit* (Bibl.-Nr. 15).

1912 *Anthroposophischer Seelenkalender. Wochensprüche* (in Bibl.-Nr. 40, und selbständige Ausgaben). *Ein Weg zur Selbsterkenntnis des Menschen* (Bibl.-Nr. 16).

1913 Trennung von der Theosophischen und Begründung der Anthroposophischen Gesellschaft.
Die Schwelle der geistigen Welt (Bibl.-Nr. 17).

1913–1923 Errichtung des in Holz als Doppelkuppelbau gestalteten ersten Goetheanum in Dornach/Schweiz.

1914–1923 Dornach und Berlin. In Vorträgen und Kursen in ganz Europa gibt Rudolf Steiner Anregungen für eine Erneuerung auf vielen Lebensgebieten: Kunst, Pädagogik, Naturwissenschaften, soziales Leben, Medizin, Theologie. Weiterbildung der 1912 inaugurierten neuen Bewegungskunst «Eurythmie».

1914	*Die Rätsel der Philosophie in ihrer Geschichte als Umriß dargestellt* (Bibl.-Nr. 18).
1916–1918	*Vom Menschenrätsel* (Bibl.-Nr. 20). *Von Seelenrätseln* (Bibl.-Nr. 21). *Goethes Geistesart in ihrer Offenbarung durch seinen «Faust» und durch das Märchen «Von der Schlange und der Lilie»* (Bibl.-Nr. 22).
1919	Rudolf Steiner vertritt den Gedanken einer «Dreigliederung des sozialen Organismus» in Aufsätzen und Vorträgen, vor allem im süddeutschen Raum. *Die Kernpunkte der sozialen Frage in den Lebensnotwendigkeiten der Gegenwart und Zukunft* (Bibl.-Nr. 23). *Aufsätze über die Dreigliederung des sozialen Organismus* (Bibl.-Nr. 24). Im Herbst wird in Stuttgart die «Freie Waldorfschule» begründet, die Rudolf Steiner bis zu seinem Tode leitet.
1920	Beginnend mit dem Ersten anthroposophischen Hochschulkurs finden im noch nicht vollendeten Goetheanum fortan regelmäßig künstlerische und Vortragsveranstaltungen statt.
1921	Begründung der Wochenschrift «Das Goetheanum» mit regelmäßigen Aufsätzen und Beiträgen Rudolf Steiners (in Bibl.-Nr. 36).
1922	*Kosmologie, Religion und Philosophie* (Bibl.-Nr. 25). In der Silvesternacht 1922/23 wird der Goetheanumbau durch Brand vernichtet. Für einen neuen in Beton konzipierten Bau kann Rudolf Steiner in der Folge nur noch ein erstes Außenmodell schaffen.
1923	Unausgesetzte Vortragstätigkeit, verbunden mit Reisen. Zu Weihnachten 1923 Neubegründung der «Anthroposophischen Gesellschaft» als «Allgemeine Anthroposophische Gesellschaft» unter der Leitung Rudolf Steiners.
1923–1925	Rudolf Steiner schreibt in wöchentlichen Folgen seine unvollendet gebliebene Selbstbiographie *Mein Lebensgang* (Bibl.-Nr. 28) sowie *Anthroposophische Leitsätze* (Bibl.-Nr. 26), und arbeitet mit Dr. Ita Wegman an dem Buch *Grundlegendes für eine Erweiterung der Heilkunst nach geisteswissenschaftlichen Erkenntnissen* (Bibl.-Nr. 27).
1924	Steigerung der Vortragstätigkeit. Daneben zahlreiche Fachkurse. Letzte Vortragsreisen in Europa. Am 28. September letzte Ansprache zu den Mitgliedern. Beginn des Krankenlagers.
1925	Am 30. März stirbt Rudolf Steiner in Dornach.

RUDOLF STEINER GESAMTAUSGABE

Überblick über das literarische und künstlerische Werk

Erste Abteilung: Die Schriften

I. *Werke*

Goethes Naturwissenschaftliche Schriften, eingeleitet und kommentiert von R. Steiner, 5 Bände (Bibl.-Nr. 1a–e); separate Ausgabe der Einleitungen (Bibl.-Nr. 1)
Grundlinien einer Erkenntnistheorie der Goetheschen Weltanschauung (Bibl.-Nr. 2)
Wahrheit und Wissenschaft. Vorspiel einer «Philosophie der Freiheit» (Bibl.-Nr. 3)
Die Philosophie der Freiheit (Bibl.-Nr. 4)
Friedrich Nietzsche, ein Kämpfer gegen seine Zeit (Bibl.-Nr. 5)
Goethes Weltanschauung (Bibl.-Nr. 6)
Die Mystik im Aufgange des neuzeitlichen Geisteslebens und ihr Verhältnis zur modernen Weltanschauung (Bibl.-Nr. 7)
Das Christentum als mystische Tatsache und die Mysterien des Altertums (Bibl.-Nr. 8)
Theosophie. Einführung in übersinnliche Welterkenntnis und Menschenbestimmung (Bibl.-Nr. 9)
Wie erlangt man Erkenntnisse der höheren Welten? (Bibl.-Nr. 10)
Aus der Akasha-Chronik (Bibl.-Nr. 11)
Die Stufen der höheren Erkenntnis (Bibl.-Nr. 12)
Die Geheimwissenschaft im Umriß (Bibl.-Nr. 13)
Vier Mysteriendramen: Die Pforte der Einweihung – Die Prüfung der Seele – Der Hüter der Schwelle – Der Seelen Erwachen (Bibl.-Nr. 14)
Die geistige Führung des Menschen und der Menschheit (Bibl.-Nr. 15)
Anthroposophischer Seelenkalender (in Bibl.- Nr. 40)
Ein Weg zur Selbsterkenntnis des Menschen (Bibl.-Nr. 16)
Die Schwelle der geistigen Welt (Bibl.-Nr. 17)
Die Rätsel der Philosophie in ihrer Geschichte als Umriß dargestellt (Bibl.-Nr. 18)
Vom Menschenrätsel (Bibl.-Nr. 20)
Von Seelenrätseln (Bibl.-Nr. 21)
Goethes Geistesart in ihrer Offenbarung durch seinen «Faust» und durch das «Märchen von der Schlange und der Lilie» (Bibl.-Nr. 22)
Die Kernpunkte der sozialen Frage in den Lebensnotwendigkeiten der Gegenwart und Zukunft (Bibl.-Nr. 23)
Aufsätze über die Dreigliederung des sozialen Organismus und zur Zeitlage 1915–1921 (Bibl.-Nr. 24)

Kosmologie, Religion und Philosophie (Bibl.-Nr. 25)

Anthroposophische Leitsätze (Bibl.-Nr. 26)

Grundlegendes für eine Erweiterung der Heilkunst nach geisteswissenschaftlichen Erkenntnissen. Von Dr. Rudolf Steiner und Dr. Ita Wegman (Bibl.-Nr. 27)

Mein Lebensgang (Bibl.-Nr. 28)

II. *Gesammelte Aufsätze*

Gesammelte Aufsätze zur Dramaturgie 1889–1900 (Bibl.-Nr. 29)

Methodische Grundlagen der Anthroposophie. Gesammelte Aufsätze zur Philosophie, Naturwissenschaft, Ästhetik und Seelenkunde 1884–1901 (Bibl.-Nr. 30)

Gesammelte Aufsätze zur Kultur- und Zeitgeschichte 1887–1901 (Bibl.-Nr. 31)

Gesammelte Aufsätze zur Literatur 1886–1902 (Bibl.-Nr. 32)

Biographien und biographische Skizzen 1894–1905 (Bibl.-Nr. 33)

Luzifer-Gnosis. Grundlegende Aufsätze zur Anthroposophie und Berichte aus der Zeitschrift «Luzifer» und «Lucifer-Gnosis» 1903–1908 (Bibl.-Nr. 34)

Philosophie und Anthroposophie. Gesammelte Aufsätze 1904–1918 (Bibl.-Nr. 35)

Der Goetheanumgedanke inmitten der Kulturkrisis der Gegenwart. Gesammelte Aufsätze aus der Wochenschrift «Das Goetheanum» 1921–1925 (Bibl.-Nr. 36)

III. *Veröffentlichungen aus dem Nachlaß*

Briefe – Wahrspruchworte – Bühnenbearbeitungen – Entwürfe zu den Vier Mysteriendramen 1910–1913 – Anthroposophie. Ein Fragment aus dem Jahre 1910 – Gesammelte Skizzen und Fragmente – Aus Notizbüchern und -blättern (Bibl.-Nrn. 38–47)

Zweite Abteilung: Das Vortragswerk

I. *Öffentliche Vorträge*

Die Berliner öffentlichen Vortragsreihen («Architektenhaus-Vorträge») 1903/04–1917/18 (Bibl.-Nrn. 51–67)

Öffentliche Vorträge, Vortragsreihen und Hochschulkurse an anderen Orten Europas 1906–1924 (Bibl.-Nrn. 68–84)

II. *Vorträge vor Mitgliedern der Anthroposophischen Gesellschaft*

Vorträge und Vortragszyklen allgemein-anthroposophischen Inhalts – Evangelien-Betrachtungen – Christologie – Geisteswissenschaftliche Menschenkunde – Kosmische und menschliche Geschichte – Die geistigen Hintergründe der sozialen Frage – Der Mensch in seinem Zusammenhang mit dem Kosmos – Karma-Betrachtungen (Bibl.-Nrn. 91–244)

Vorträge und Schriften zur Geschichte der anthroposophischen Bewegung und der Anthroposophischen Gesellschaft (Bibl.-Nrn. 251–263)

III. *Vorträge und Kurse zu einzelnen Lebensgebieten*

Vorträge über Kunst: Allgemein-Künstlerisches – Eurythmie – Sprachgestaltung und Dramatische Kunst – Musik – Bildende Künste – Kunstgeschichte (Bibl.-Nrn. 271–292)

Vorträge über Erziehung (Bibl.-Nrn. 293–311)

Vorträge über Medizin (Bibl.-Nrn. 312–319)

Vorträge über Naturwissenschaft (Bibl.-Nrn. 320–327)

Vorträge über das soziale Leben und die Dreigliederung des sozialen Organismus (Bibl.-Nrn. 328–341)

Vorträge für die Arbeiter am Goetheanumbau (Bibl.-Nrn. 347–354)

Dritte Abteilung: Das künstlerische Werk

Reproduktionen und Veröffentlichungen aus dem künstlerischen Nachlaß

Originalgetreue Wiedergaben von malerischen und graphischen Entwürfen und Skizzen in Kunstmappen oder als Einzelblätter

---

Die Bände der Rudolf Steiner Gesamtausgabe sind innerhalb einzelner Gruppen einheitlich ausgestattet. Jeder Band ist einzeln erhältlich. Ausführliche Verzeichnisse können beim Verlag angefordert werden.